T0112497

THE WORLD ALMANAC®

BRAIN-BOOSTING

WORD SEARCHES

THE WORLD ALMANAC®

BRAIN-BOOSTING

WORD SEARCHES

150 LARGE-PRINT PUZZLES!

WORLD ALMANAC BOOKS

Copyright © 2023 by Hollan Publishing, Inc.

All rights reserved. No part of this book may be reproduced in any manner without the express written consent of the publisher, except in the case of brief excerpts in critical reviews or articles. All inquiries should be addressed to World Almanac, 307 West 36th Street, 11th Floor, New York, NY 10018.

World Almanac books may be purchased in bulk at special discounts for sales promotion, corporate gifts, fundraising, or educational purposes. Special editions can also be created to specifications. For details, contact the Special Sales Department, 307 West 36th Street, 11th Floor, New York, NY 10018 or info@skyhorsepublishing.com.

Published by World Almanac Books, an imprint of Skyhorse Publishing, Inc., 307 West 36th Street, 11th Floor, New York, NY 10018.

The World Almanac® is a registered trademark of Skyhorse Publishing, Inc. All rights reserved.

www.skyhorsepublishing.com

10 9 8 7 6 5 4 3 2 1

Cover design by Melissa Gerber

Graphics by Shutterstock

Library of Congress Cataloging-in-Publication Data is available on file.

ISBN: 978-1-5107-7432-2

Printed in the United States of America

Sports

NBA Teams

T	S	M	C	S	R	E	K	A	L	M	Z
H	L	D	R	E	B	Z	Z	T	X	W	T
U	L	Y	B	U	L	Z	Z	P	C	A	Y
N	U	K	C	S	A	T	S	L	E	R	V
D	B	K	U	J	M	R	I	H	W	Q	B
E	S	N	D	T	O	P	S	C	L	B	L
R	S	K	L	I	P	Z	D	R	S	L	X
K	L	G	R	E	R	D	L	L	U	Z	N
T	T	R	R	Y	M	L	R	Y	X	P	N
N	A	S	T	R	L	D	M	W	P	Y	S
W	X	W	M	M	G	Q	D	V	X	J	Y

Celtics
Warriors
Lakers
Jazz
Heat
Bucks
Thunder
Suns
Spurs
Bulls
Clippers

See answer on page 162.

U.S. History

1960s

Freedom Rides

John F. Kennedy

Psycho

Peace Corps

March on Washington

Voting Rights Act

Super Bowl

Neil Armstrong

Woodstock

Sesame Street

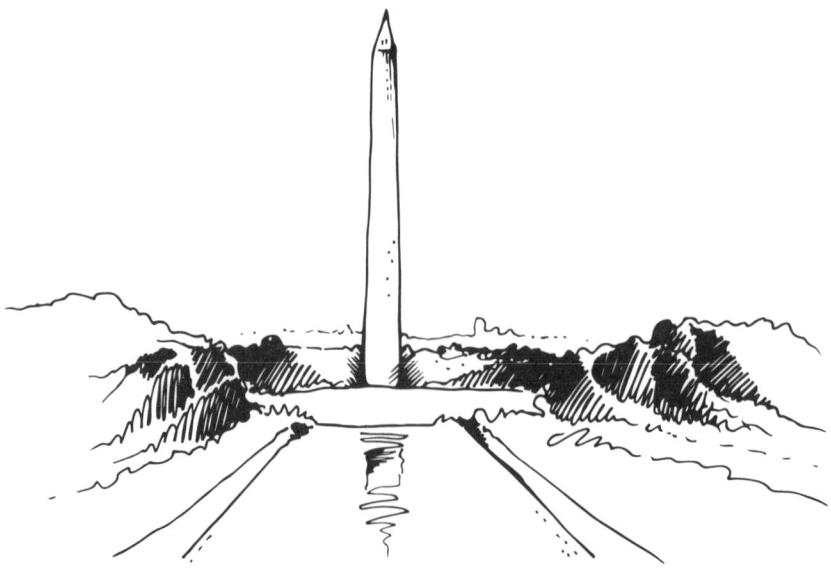

M A R C H O N W A S H I N G T O N
T V L T O H C Y S P R R F Z K B Y
C N Y N E D X Q G M Y R Q L M B D
A G D D M E R X Y Y E P W L N V B
S L N X E R R N Y E L O W B V V Z
T P P O N N Q T D L B Q N J T Z Z
H Y E X R R N O S R J J J N R L L
G K Z A D T M E E E V R N M M D L
I L C Y C R S P K D M K N Q T D Y
R Y Y O I E U M P F K A J T R Q Q
G J B D T S C R R Y N N S L Y Y X
N G E V L S M O Q A R H W E Y J L
I S Z K L Q D M R N L R O N S D J
T W K K K J M O Y P D I N J X J K
O N W T Z Y B N O K S J E M L Z Q
V Y Y D G B B Q N W N B N N L L X

See answer on page 162.

World History

Early Mesopotamian Civilization

P	K	L	S	M	R	O	F	I	E	N	U	C
H	R	S	N	U	Q	W	Q	V	A	I	M	T
O	O	Z	T	M	M	Y	K	K	B	Y	D	Z
E	W	Y	Y	A	M	E	K	A	W	Q	H	K
N	N	R	T	X	R	A	R	R	N	I	W	Y
I	O	X	B	E	D	U	Q	I	T	R	L	B
C	R	M	D	I	M	Y	G	T	A	Y	Y	X
I	I	K	A	M	E	P	I	G	Y	N	N	Q
A	J	N	A	L	B	T	L	D	I	T	G	R
N	S	H	B	Q	E	D	D	E	Z	Z	L	X
S	Y	A	Z	S	J	V	N	N	S	Z	L	J

Cuneiform
Sumerian
Temples
Ironwork
Hittites
Akkadians
Hammurabi
Ziggurats
Elba
Phoenicians

See answer on page 162.

Business

Leading Businesses—Apparel

S	R	G	N	V	P	N	N	Y	E	K	I	N	G
B	K	J	Q	W	G	J	Q	N	T	B	J	N	Z
G	B	R	H	F	L	M	P	T	B	Q	E	B	N
R	K	T	O	V	O	Y	R	U	J	R	N	Z	T
D	N	M	W	W	P	O	R	Y	U	X	M	T	D
W	N	J	S	G	Y	L	T	A	N	Y	Q	Z	N
Y	M	Y	A	E	I	D	L	L	P	L	L	Q	L
R	Y	P	P	N	N	H	O	Y	O	Z	R	T	N
O	D	Y	G	N	P	A	M	B	Y	C	Y	Y	N
S	Z	T	M	L	V	T	H	M	H	X	K	P	L
S	O	R	A	J	W	V	Y	Q	Q	T	T	E	B
N	Q	R	N	B	D	Y	Z	Q	R	Z	A	K	R
G	Z	D	D	K	P	Q	W	V	J	Q	T	B	L

Nike

TJX

Gap

Ross

Bath & Body Works

Foot Locker

PVH

Hanes

Ralph Lauren

Burlington

See answer on page 162.

Arts and Media

Modern-Day Writers

S	A	N	D	R	A	C	I	S	N	E	R	O	S	Z	W	I
Z	M	S	N	O	M	X	D	X	B	T	Y	Z	S	Z	C	Y
L	A	N	H	J	O	P	D	J	L	R	N	U	M	C	M	M
T	N	I	T	E	N	W	N	T	J	Z	Z	R	A	J	R	D
E	D	J	D	Y	R	T	T	O	I	A	K	D	N	Y	L	R
M	A	K	W	T	W	M	H	A	N	M	L	W	R	B	D	Q
U	G	N	R	T	O	N	A	N	T	A	O	M	D	M	V	Z
L	O	J	T	W	G	N	E	N	B	E	T	B	R	B	L	J
B	R	B	R	R	Y	C	U	D	A	V	R	B	R	M	Z	L
Y	M	D	E	R	O	M	I	J	G	L	L	A	M	I	Z	L
D	A	E	P	L	J	V	M	N	J	K	E	D	G	R	E	B
U	N	G	L	W	A	M	J	M	M	L	R	X	Z	R	M	N
J	R	I	K	D	P	B	Y	N	T	Z	R	K	I	G	A	R
Y	N	Q	X	M	D	D	N	L	L	J	T	V	Y	E	D	M
S	B	M	L	P	B	Z	P	D	Q	K	G	L	W	P	Y	M

Sherman Alexie
David Baldacci
Amanda Gorman
Judy Blume
John Green
Margaret Atwood
Suzanne Collins
Junot Díaz
Tim O'Brien
Sandra Cisneros

See answer on page 163.

World Facts

Notable Architecture

D	L	E	A	N	I	N	G	T	O	W	E	R
S	O	J	L	N	Z	T	Y	T	Z	M	P	A
D	P	M	Z	N	R	X	B	Y	U	P	I	T
I	E	M	E	D	O	M	P	E	L	H	W	L
M	R	N	K	O	J	E	S	T	P	L	L	W
A	S	D	O	L	F	S	H	O	N	A	J	T
R	E	J	T	T	O	T	S	T	W	M	A	L
Y	P	J	B	L	R	A	H	T	N	J	Q	B
P	O	R	O	N	I	E	A	E	M	A	D	Q
T	L	C	L	G	D	E	D	A	R	K	P	M
A	I	B	A	X	R	T	H	A	L	O	N	B
E	S	H	D	G	D	A	Q	M	M	W	C	Y
R	R	Y	J	Y	L	L	K	R	G	E	Q	K
G	L	M	K	Y	L	W	W	J	X	T	B	K

Pantheon
Colosseum
Great Wall
Leaning Tower
Great Pyramids
Hagia Sophia
Dome of the Rock
Taj Mahal
Notre Dame
Persepolis

See answer on page 163.

Science and Technology

Record-Breaking Steel Roller Coasters

E C R O F M U I N N E L L I M M
R R R E D F O R C E N L R X J W
I M A G N W Z P X R M J Q B N D
A L R S T O B R W T Q W L Q L B
T F N M S D G M Y B M L J Y K D
L U J J N O Y A Q K I W S M L V
A J R G Y M R W R R J M P D T S
K I N G D A K A H D I B K Q U V
L Y K G L W M T L L L V Z S T T
N A N J Y J P W E U W E S G K L
L M X D P O R R N J M O E P Y B
K A D L T Y Q J L L L R J T Z D
R M R L Y M K L Z O R L O Y S R
Q B N B T R N Y C Z D P L F M T

Formula Rossa
Kingda Ka
Steel Dragon
Smiler
Red Force
Fujiyama
Millennium Force
Colossus
Altair
Top Thrill

See answer on page 163.

U.S. Facts

U.S. National Parks

N R Q Q R B J B W M J Q N D H Z
O N O E T I M E S O Y V B O R S
Y T Y C T Y E L L O W S T O N E
N T T D K J A M X C N S X R P D
A B W L D Y L I R J P P E T S W
C T T G X B M A D R P V Y E D G
E S N X N N T O I A A R Q L R D
C K E D B E N N U C C U D V V N
Y J X D R T G D D N O A T B Y D
R Y M L A S N A G I T Z N R J B
B T A G L L B Z A K Q A R N N W
R K M W R S G X P V J J I T J V
E L Y M L T G R D M N D T N V L
K G D R T Q Y X E J V T M M S V
X V A V Z N Z M B V J X R M X N
D C N V K N L D Z Q E L M L Y P

Yellowstone
Sequoia
Rocky Mountains
Carlsbad Caverns
Everglades
Hot Springs
Crater Lake
Acadia
Yosemite
Bryce Canyon

See answer on page 163.

Animals

Venomous Snakes

R	E	P	I	V	D	E	N	R	O	H	T	R	E	S	E	D
A	B	T	L	P	P	Y	D	R	Z	L	X	R	R	L	Z	L
R	B	N	B	D	D	B	B	D	D	M	Z	T	L	Z	G	T
R	E	M	Q	L	J	D	M	Z	D	Y	Y	Q	L	L	Y	Y
N	E	K	A	Q	X	B	T	J	G	W	D	P	B	T	D	N
A	A	T	A	M	D	W	Y	K	D	X	W	M	W	B	G	X
R	R	P	S	N	K	C	O	P	P	E	R	H	E	A	D	L
B	E	M	I	A	S	C	T	N	M	T	T	Z	K	M	A	M
O	D	D	T	A	M	E	A	Q	Y	M	I	W	D	R	W	Z
C	D	Y	D	Z	T	H	L	L	X	K	M	G	O	D	K	K
G	A	R	N	A	R	T	S	T	B	D	N	C	E	T	Q	M
N	F	N	P	L	H	J	Z	U	T	M	D	Z	G	R	B	L
I	F	L	B	L	T	T	L	Q	B	A	D	X	B	G	Q	W
K	U	L	Y	Q	B	T	A	D	Y	Z	R	R	D	B	T	K
T	P	N	L	J	R	G	T	E	Q	T	L	V	R	N	R	X
L	Q	K	Q	M	X	N	G	Z	D	B	M	T	L	W	B	K

Black Mamba
Copperhead
Bushmaster
Coral
Death Adder
Desert Horned Viper
King Cobra
Puff Adder
Rattlesnake
Taipan
Tiger

See answer on page 164.

Education

Oldest U.S. Universities

Q	W	P	E	N	N	S	Y	L	V	A	N	I	A
M	B	A	Y	C	X	M	L	R	G	R	N	L	Q
D	P	N	S	K	O	Y	D	R	R	W	K	J	V
E	Y	C	K	H	Z	L	U	B	O	Z	M	W	Z
L	V	D	A	J	I	B	U	T	R	D	V	D	D
A	Y	E	K	S	S	N	E	M	V	O	D	J	T
W	A	X	R	T	T	G	G	N	B	L	W	P	Q
A	L	J	T	M	R	L	M	T	T	I	V	N	J
R	E	I	D	O	O	N	E	N	O	Y	A	L	M
E	P	Z	E	P	P	N	W	T	M	N	W	J	Y
D	Q	G	T	Z	P	N	T	M	O	L	L	N	K
N	W	Y	G	R	D	W	Z	R	J	N	T	E	M
X	M	M	R	R	G	M	B	Q	Y	W	P	J	E

Yale
Washington & Lee
Pittsburg
Pennsylvania
Delaware
Vermont
Georgetown
Columbia
Castleton
Brown

See answer on page 164.

Location

Mongolia

N	O	M	A	D	I	C	L	L	L	G	S
U	Y	T	T	J	L	W	T	W	E	D	R
A	T	R	Z	Z	T	P	V	N	R	A	Y
E	M	R	M	L	R	T	G	A	T	G	M
T	K	K	E	N	Z	H	P	A	R	O	L
A	G	H	Y	S	I	O	A	R	N	L	R
L	N	P	A	S	E	B	Y	G	L	P	Q
P	Z	Z	K	L	N	D	O	R	A	G	T
K	X	H	W	A	K	L	I	I	W	B	Q
N	A	O	A	X	I	H	S	B	Y	P	N
N	N	L	N	A	Q	A	A	W	O	M	Y
S	U	R	N	D	D	D	Y	M	Z	G	D

Khalkha
Mongolian
Nomadic
Asia
Plateau
Gobi Desert
Ulaanbaatar
Snow Leopards
Genghis Khan

See answer on page 164.

U.S. History

1980s

A R E P O E H T F O M O T N A H P
R O N N O C O Y A D A R D N A S Z
B R E G N E L L A H C M S G R B T
B A R P A N A M A V I N Y L Z K P
P T Y O J L G K T R E D B L N D W
V D P E N T B J A L D Z M L W L R
W Q G N A A T C E Q R T Y B R B G
D N Q L J R L H L R T G Q Z Q V Z
Q X N T V E T D R Z J J R T L Q L
T R K T O S G H R I T L P R B R M
T R K N T P Y M Q E L T P X T L W
J W I N S N M T D U A L Q T X Q D
Q C U D V Q L M N L A G E D X V X
E O I M V N J Y T D J K A R M V Y
M A T L Y Z N Q L Y Z B E N K K Q

"Miracle on Ice"
Ronald Reagan
Thriller
Sandra Day O'Connor
Challenger
AIDS
Bay Earthquake
Phantom of the Opera
Panama
Mount St. Helens

See answer on page 164.

Sports

Major League Baseball Teams

Boston Red Sox

San Diego Padres

Detroit Tigers

Chicago Cubs

Kansas City Royals

Houston Astros

Minnesota Twins

Atlanta Braves

New York Yankees

Oakland Athletics

S N E W Y O R K Y A N K E E S K
A C H I C A G O C U B S H S A N
N R I D V T W N L W W O R N S S
D Z M T Y T P T G P U E S E N P
I Y B B E N V L K S G A V I T X
E R N G D L N L T I S A W J O R
G M G M T N H O T C R T G S M J
O X N R R L N T I B A J D Y G K
P Q W M X A I T A T N E M D M K
A J B M S O Y T O D R Z P Q J Y
D T D T R R N S B N N Q Y M Z L
R Z R T O A E B O B G A M P D B
E O E Y L N K T J V M M L Z Q M
S D A T N R S M Z M B B T K M K
T L A I Y O Q B V G L D T M A J
S M M G B Y Y B R M N D R Q D O

See answer on page 165.

World History

Early Egyptian Civilization

H	X	N	I	H	P	S	T	A	E	R	G	J	S
I	D	T	M	T	M	T	N	J	N	Z	M	I	Y
E	S	A	N	W	Y	E	B	L	P	D	H	V	M
R	U	B	E	N	I	Y	N	Y	B	P	M	T	M
O	R	N	Y	D	V	T	R	E	M	D	M	X	W
G	O	M	G	G	E	A	I	E	S	L	T	T	Y
L	H	P	B	Y	M	H	M	T	Q	L	D	X	T
Y	Z	Z	A	I	R	J	T	T	R	R	R	J	Q
P	G	Z	D	P	M	V	W	F	Y	E	R	L	Y
H	V	S	Z	T	Y	V	D	Y	O	N	F	Z	M
S	N	I	L	E	J	R	B	Y	N	K	N	E	R
D	R	D	D	N	M	L	U	L	J	Y	O	Y	N
N	Y	W	N	Y	T	L	Z	S	J	Q	L	O	Z
B	T	V	T	L	T	D	V	R	K	T	V	R	B

Pyramids
Hieroglyphs
Papyrus
Nefertiti
Memphis
Horus
Book of the Dead
Great Sphinx
Nile
Menes

See answer on page 165.

Business

A-List U.S. Corporations

A M E R I C A N E X P R E S S
S J J T R T Y Q Q Y Z L J G J
T N D P A A W M K N W Y D R J
E Z O Q N T P T Z W B L D N D
B V N S L B S P B L L G Y T L
A L L R T Q Z L L N R Y Y J Z
H N D W T R Q B L E B D T Z M
P Y A B C B E A G A L R R R D
L P T K T M M B M L S L I D D
A K N M L A X R L A T Y N A L
E W B D Z K B G D A Q R M G M
T J B O L L R I Q W B W B N L
N P N R N J D B P Y Z Y B J W
A J B K D A J G R L K B D B L

Apple
Amazon
American Express
Albertsons
Adidas
Allstate
ABC
Alphabet
Aetna
Airbnb

See answer on page 165.

World History

Greek Classics

B	E	W	S	M	D	L	P	S	N
E	L	U	D	A	O	A	E	J	P
Y	L	L	R	T	P	T	I	A	B
O	G	T	A	I	A	P	R	L	Y
T	L	L	O	R	P	T	H	E	I
H	P	Y	C	T	H	I	S	O	D
L	O	O	M	E	S	S	D	T	T
N	S	M	N	P	Y	I	T	E	D
G	J	O	E	D	I	Q	R	Y	S
M	N	Z	O	R	B	A	L	A	M

Homer
Iliad
Odyssey
Plato
Socrates
Aristotle
Parthenon
Sappho
Euripides
Olympia

See answer on page 165.

Arts and Media

Popular Podcasts

P K L B R D R R L N R R T N Z P X Q E
R N V A T Z B T G Y B V Z J D L N M Y
W T V L R C M Q W L G V D Z J Z L T Y
T L H O L J B L B M N K L P D L L B L
H B Q I T W O N R U O H S W E N R P N
E N N D S Y P B E R W H L T R J Q Z Q
D M N A D A J L R N I P T W W J J J X
A V M R N X M Q A D I N X F D U M T J
I T N Y B D N E D N O L R J P J M V T
L M R Y V M K E R D E E E F G R D T J
Y V D Z Y T N V T I S T I T D Y X M Y
Z T J L B B N I Q H C R M Y A M L M W
R M D M R V A J A Q S A J O D D N V D
J R Q A V W R I W T Z M N K N R M W Q
M W I D T X R N Y L Q Q X L Z E Y M V
V N W I L Z Z N L N J R Z L I M Y L T
N T A Y J W N T T Z Y Z T M W F Q K J
P W M Y D T Q Q D M Q P M J N T E Y L

The Daily

NPR News Hour Now

Up First

Dateline NBC

This American Life

RadioLab

Fresh Air

Hidden Brain

Planet Money

Wait Wait . . . Don't Tell Me!

See answer on page 166.

World Facts

Major Religions

M S I T N A T S E T O R P
M V W X S D T Q Q V R J G
T S C A T H O L I C I S M
L I I V N B I T Y L P N R
J K J N L Q A N M X B L T
Z H R M A O D S T J L T Z
J I N J I I I T B O B Q T
U S M S U H C J T T I Y G
D M M N D X V U I K Y S N
A D X D N Y R S F D N X M
I D U J I M L L M N P V Q
S B T Y H A J N D J O N W
M R Y T M R N T X R R C V

Buddhism
Hindu
Shintoism
Judaism
Protestantism
Catholicism
Sikhism
Taoism
Islam
Confucianism

See answer on page 166.

Science and Technology

Space Missions

O	Z	R	G	R	E	E	N	O	I	P
E	R	T	O	J	E	A	N	M	M	L
L	P	E	M	Y	L	G	E	T	R	R
I	A	R	G	L	E	S	N	E	N	R
L	K	R	E	A	S	V	N	A	V	Y
A	M	G	T	E	Y	I	R	I	R	Q
G	A	G	N	E	R	O	K	U	W	R
M	Y	G	N	A	M	I	V	X	S	Y
M	E	Y	M	R	N	I	D	N	V	L
R	V	V	P	G	L	Y	S	T	T	G

Messenger
Galileo
Magellan
Viking
Voyager
Mariner
Ranger
Pioneer
Surveyor
Artemis

See answer on page 166.

U.S. Facts

English's Borrowed Words and Phrases

A D E U X E X M A C H I N A V
H T Y I B B M Q O T T X L L K
A Y A N O N B M W L Y V K D R
I T M R V U B O V W I L D R T
R X Y L G U Q T D O L O N N L
A B J M D N Y S L E P K W Q T
P M D S M T O L I P G M G W P
D M M M T R O N E A T A L M T
P A B V D P L L A P S T D B Q
N J Q D I M G D P N D E G L B
Y Q W O Y A K C Z M O N N X G
G P H K N M O K T R X S Z E K
L T B G J H V Q U Y T W R G J
N X E L D D V Y H P J N P E M
Q R G A R Y D R C D L Q J B P

Ad Hoc
Chutzpa
Doppelganger
Deux Ex Machina
Je Ne Sais Quoi
Ombudsman
Pariah
Persona Non Grata
Hoi Polloi
Bodega

See answer on page 166.

Animals

Venomous Animals

R E D I P S E S U L C E R N W O R B
B O O M S L A N G S N A K E J T W W
R R K Z P N W Q Q N T W R T R L B Z
E J D L I B T N N Q N I Q Y Y B R Y
P N D X T Y O B N P L T N R Q T B M
I T G T T M R X L L W B D G R D W Z
V K Q N I B T W J P R K D B R A W G
T X R J N L N M O E Z L N J S A B J
I V R N G D Y R T D L O A P V R Y N
P M Q R C R M X R D I L D J M D Y Y
N K Y B O V J W L P U W Y T B K X T
A B N G B V G M R T J D K F K R M Y
I J J D R J B O N N Z J D C I L X P
S N Z T A N C A R B K M Y T A S Q K
A R T T V S R T W D K Z N R L L H W
L Q Z J J A D D Y L R M Q W L V B L
N Q N N T M L Z L B Y W X D R D P X

Asian Pit Viper
Spitting Cobra
Boomslang Snake
Wasp
Black Widow
Scorpion
Tarantula
Box Jellyfish
Stingray
Brown Recluse Spider

See answer on page 167.

Education

New U.S. Universities

E T A T S A I G R O E G E L D D I M
W W S E D A L G R E V E L K W E L D
S R Q A T C M N G Y G T J D T Y B B
B A G R O T A K D W L L M A J Y G D
B V X M R C K L J B W L T M W N W T
Q B K E R R F N I B Q S K T K R L Y
N B M Z T K J L B F A Y J M W L P D
R Z M V L H L M U I O B N A G U Q T
N B P B L Q T P N G D R S T R T G T
P H O E N I X R K X A H N D V R T R
P M L D T X O Z O N I D U I R N N W
L L L R L F D D Q N G E I G A X G Q
W D G W I R V T G D Y V Q R M P W M
Q J N L V Y L T Z K R D J X O D D D
B T A V Q Y O L J M D B W Z N L D J
G C Z V D N K R M T Q J Z M R D F R

Everglades

Middle Georgia State

Purdue

California

North Texas

Phoenix

Washington

Florida Gulf Coast

California State

See answer on page 167.

Location

Canada Capitals

N	D	K	R	Q	P	N	V	D	D	B	J	X	N
J	J	T	O	R	O	N	T	O	K	B	Q	W	J
X	X	G	A	R	P	W	W	R	X	J	O	Y	J
X	A	W	Y	I	R	J	R	R	G	T	T	P	R
E	F	B	R	W	R	N	Y	E	E	D	Y	Q	B
D	I	D	W	L	H	O	P	T	L	G	U	B	T
M	L	T	T	K	Z	I	T	J	Q	E	I	G	Y
O	A	D	M	J	N	O	T	C	B	V	P	N	S
N	H	T	M	N	L	Y	R	E	I	T	J	N	A
T	D	D	I	R	Y	K	C	B	H	V	H	D	Q
O	D	W	A	J	N	Z	J	Y	M	O	Y	Y	Z
N	M	H	J	M	K	K	N	L	J	D	R	K	N
M	C	P	T	M	B	W	Q	T	R	B	D	S	K
J	T	Z	Z	N	Y	Z	S	R	Y	J	K	L	E

Edmonton
Victoria
Winnipeg
St. John's
Halifax
Toronto
Charlottetown
Québec
Regina
Whitehorse

See answer on page 167.

U.S. History

1940s

F R A N K L I N D R O O S E V E L T
T I R T J K G V P M X Y Z Y Y N G R
M R X L P L W T M Q D D M D D L W P
M O G N J J R Z Y Z W N N L M D R M
Q N C I O N M L D P J Y P L O Q L Y
R C A B B S X B D V Y M T K N R Q V
O U S A W I N D P B W H L B R J N V
B R A B R L L I D M I A Y W T P T Y
R T B Y R D D L B R H M X M D K N X
A A L B D L B J O O T Y J V W M Q V
H I A O Y K M S M F R T K T D Q R B
L N N O K W H A L M R E T T Y W Q D
R M C M Y I Y D L N B I I D D M T D
A Z A A M M G J R L B D G K R L Z T
E J D A V D Q N M N D T T H C R W V
P D T D J V K N J Y M X L V T A B J
B M Q Y P Y Q B D N G Y Y L V S J R

Franklin D. Roosevelt

Pearl Harbor

Casablanca

Oklahoma!

D-Day

GI Bill of Rights

Hiroshima

Iron Curtain

Jackie Robinson

Baby Boom

See answer on page 167.

Sports

Athletes Who Started Young

R E G R E B S I L H T E O R N E B
A O T T T K T P W X P L B P X M J
C S R M L A N I Q Y L V A B G V J
A N A P A T R T G B R T T J N T V
G O C J X R R A T E R N D W M R D
O L Y X E Z T Y L I R Y Y T P T Y
P A A N W F Y I C I N W Y Y R M R
J O U B O N F K N X P Y O L Y J R
E D S T D S M G T A T I K O Q R L
D N T K T A Y T O L H T N R D J J
A A I R H K T T L R D I B S Y S B
T N N O T Z M D E N D N N Y K N L
T R M Z W K D J Y K M O Z G R I D
K E J P K N V R R N I Y N J I M R
S F R X W N M B R Z T M T N Z S Y

Tracy Austin
Jeff Gordon
Martina Hingis
Tara Lipinski
Patrick Mahomes
Ben Roethlisberger
Mike Tyson
Tiger Woods
Tadej Pogacar
Fernando Alonso

See answer on page 168.

World History

Mediterranean Empires

Alexandria

Antigonids

Ptolemies

Seleucids

Hellenistic

Stoics

Epicureans

Archimedes

Parthians

Persia

A P A R T H I A N S A H
N T N P M K T R R I E A
T O T Q G B W Q R L R E
I L Z R K J N D L C P S
G E P N R Z N E H I E D
O M J Y M A N I C L S P
N I M D X I M U E T E W
I E M E S E R U O R B R
D S L T D E C I S V T R
S A I E A I C I X Q V Z
R C S N D S A Z X P P J
Z X S S Y M M Y R V Y Q

See answer on page 168.

Business

Top U.S. Industries

W R M A N U F A C T U R I N G
E H C O N S T R U C T I O N Y
D R O R J R E S S E N I S U B
A N D L L R B C T K T B H P R
R O O G E Y M Y N A L O M Y Z
T I W I D S T L T A S Z R T Y
L T K R T D A R Y P N T J M B
I A X T W A O L I G R I N L D
A C V W M P M T E M V R F W Z
T U B W S T A R B T Q D Y T L
E D L N D L W N O J R Z W N Y
R E A Z I X L Q L F Y A N D W
R R G T T J J N Z D N T D N N
T P Y X R P G Y R M L I V E N

Manufacturing
Construction
Wholesale Trade
Finances
Business
Education
Hospitality
Transportation
Retail Trade
Information

See answer on page 168.

World History

Early Rome

G N I R E E N I G N E L I V I C
S N A C S U R T E T Z J N T N K
A C Q L Q H A T X B U N M B Q Q
U K L B D N A Y M L Y N B L M M
G R R E T P U N I C W A R S L R
U Y O O O Y T U N J T M Z L D M
S K N M E P S L B I D Z V R L D
T Y L P U C A G V M B J B Q D Y
U D M T A L K T D B Q A L Y T Y
S O L E Z D U K R G M Y L D D L
P G S R K B V S D A B Y Y L Y N
N A W X T T Y T B J M G T T Y N
R D X R M L D R W Y T Z X R D R

Etruscans
Romulus
Punic Wars
Hannibal
Antony
Cleopatra
Julius Caesar
Pompey
Augustus
Civil Engineering

See answer on page 168.

Arts and Media

Popular Magazines

G N I P E E K E S U O H D O O G V
S N R W W G L Q Y D M Q C E B N Z
O N M D T M J L J L K A C B P Q N
U X M T V Y N T J B R N G V G J Y
T R K N B B B N X A E O N T B S L
H X L R X N Q Y N S L T Z Y M L B
E Q N N J Y P D S F B Q R I R R T
R R G V Y K D E D M D Z T E R N R
N K S R Q R L I Z M G H L N B P Q
L G D T I K G Y X D S P T Q K V N
I W P V N E P X J O O T D P T T J
V Y E B S E N T N E D L I E L L E
I R R T N Y R I P Y P K Y M R N Y
N L Z V R W A A M L V V J R E Q Q
G M V Y X N B B P L T R T K R P Z

People

Good Housekeeping

Southern Living

Parents

Time

Golf Digest

Smithsonian

Elle

Essence

Car and Driver

See answer on page 169.

World Facts

Desert Countries

N	A	T	S	I	N	A	H	G	F	A	S	M
A	N	D	O	R	R	A	W	X	Q	E	Y	N
R	R	J	B	Y	Y	R	L	P	T	Q	I	N
Z	W	R	L	L	D	A	D	A	D	G	N	Q
K	N	V	N	B	I	N	T	A	E	W	R	M
N	M	D	D	B	O	S	A	R	H	V	M	D
Q	G	Y	I	R	D	T	L	D	M	C	X	R
L	X	M	A	E	K	V	S	I	U	N	X	T
M	A	T	T	D	D	R	P	W	B	S	N	J
N	A	I	L	K	B	X	Q	V	A	Y	T	M
Q	N	K	J	Y	D	Y	Y	V	B	N	A	J
U	Z	L	Z	N	L	L	D	B	Y	R	A	J

Libya
United States
Sudan
Chad
Niger
Andorra
Namibia
Afghanistan
Botswana
Qatar

See answer on page 169.

Science and Technology

Record-Breaking Wood Roller Coasters

S N T L R J X B T M N V N Q R N
H J T L D B Q Q X S N Y Z Q L Q
I M N L G J B D K K A T M T R D
V E G A Y O V E H T Y E Y N T Z
E W I L D F I R E R Q Z B T Q T
R S Q L M N R B T Y J O V E P R
I J U Z M X J Y P Y V R R O H Q
N L Q S Y R B Q W M S O U X R T
G Z Y D S J E B Y S B T R N Q L
T X X G W O R T E M L L V M D N
I Z T D O T L R I A M E B W J M
M L W M J L P O W P P Z G P L G
B D N D Z X I R C T U Q W R T J
E R P Q E Q U A B M N J M R R N
R B T T Q N Q J T X Z N D L V J
S D X Z T M M L Q H L Y M Y J M

Goliath
Wildfire
El Toro
The Beast
Outlaw Run
Colossus
T Express
The Voyage
Shivering Timbers
Jupiter

See answer on page 169.

U.S. Facts

Republican Presidents

M	Y	J	R	Y	R	J	L	Y	Y	M	D	P
R	E	W	O	H	N	E	S	I	E	M	M	L
N	T	R	O	E	M	L	A	D	N	U	Z	T
L	T	L	S	L	G	J	R	G	R	Y	F	X
O	N	D	E	B	D	D	F	T	A	A	Y	B
C	A	M	V	N	T	O	I	H	T	N	T	R
N	R	L	E	Y	R	M	O	L	B	Z	G	M
I	G	T	L	D	Z	O	J	G	O	G	W	N
L	L	N	T	B	V	V	Z	Z	M	O	L	D
Z	B	N	M	E	L	J	G	L	D	M	C	M
Q	T	L	R	B	J	L	J	T	M	Q	B	P

Lincoln
Grant
Roosevelt
Taft
Coolidge
Hoover
Eisenhower
Ford
Reagan
Trump

See answer on page 169.

Animals

Fast-Paced Animals

E P O L E T N A N R O H G N O R P
G Z P J V M D Y E R V X Y P P N Q
Y R Y Q A M B D T L I O N M R V D
Y Z A N U K R R O B T G M X M T X
D R E Y M A T D Y M N A N M D B Z
M Y T D F T R Z O Y P Z K R Q L G
H G R D M O S T C M B E B L Y B G
K P R G M T X E E R D L D J E G K
K Y B B D J H J E R P L Y R L L Q
A N M R R A M B D B H E L J B Y D
R J J N T V T M X M E O R G B W T
B Q J E G W Z W N M Z D R Y D J M
E L E J B Y P R N B R K L S M V M
Z H M T M K B Y Z B P M V I E Q G
C B B P K D L Q D Y Y T B Q W R N

Cheetah
Pronghorn Antelope
Wildebeest
Lion
Gazelle
Quarterhorse
Elk
Coyote
Gray Fox
Hyena
Zebra

See answer on page 170.

Education

Private Universities

A I N R O F I L A C N R E H T U O S
N K E T T E R I N G D C R G Y V T Z
B O V M R J Y L N L O N W L B R D Y
E J R N T K B T L L J B J A Y D J T
X N X T L R L P U N B L I Q V M G Y
M N I N H B J M L Z E N N N B W G G
G B L D D W B J L W A W B Z T D T T
R P O N R I E M C V Y D M Y N D L Q
J Y N G A E Y S L O B T X A N T L D
V P R R A P P Y T M L R Q L N N T G
J D L R L C S P Y E Z G D U K E B J
M N D T Q N I W E L R X A T W R K L
N D B T N N L H Z P W N J T G N M Y
W Q B E T Y L D C R L B Y B E W M P
N J P L L T Y P Y V Y T K V Y J B N

Southern California

Pennsylvania

Chicago

Pepperdine

Northwestern

Newman

Kettering

Duke

Columbia

Colgate

See answer on page 170.

Location

Paris Landmarks

E	S	A	I	N	T	E	C	H	A	P	E	L	L	E	T
R	C	R	E	I	N	R	A	G	A	R	E	P	O	U	N
E	L	A	L	R	R	D	Y	Y	J	M	B	T	I	T	E
W	Y	X	L	K	E	M	V	Y	B	R	Y	L	B	H	G
O	X	D	L	A	M	V	V	V	V	D	E	B	P	N	N
T	R	W	L	L	P	B	I	M	R	R	P	M	X	O	R
L	K	U	P	O	N	S	M	R	I	L	O	J	T	Y	P
E	Y	L	E	N	U	B	E	E	E	I	N	R	D	X	B
F	Q	Y	N	O	W	V	S	L	R	N	E	J	B	K	T
F	R	B	Z	J	C	G	R	T	L	D	I	Q	M	Z	D
I	B	Y	L	M	A	E	E	E	A	I	Z	E	Z	N	Z
E	Q	B	T	R	T	D	R	M	D	L	A	B	S	P	G
M	Q	D	D	D	C	D	E	C	X	Y	K	S	T	D	L
M	J	E	Z	R	B	R	G	Y	A	D	P	X	R	X	R
T	N	X	A	Y	Y	D	V	N	J	S	Y	D	Q	E	V
S	N	N	V	Y	P	Z	D	J	K	G	K	B	K	J	V

Seine River
Arc de Triomphe
Eiffel Tower
Opera Garnier
Louvre
Tuileries Gardens
Notre Dame
Sainte-Chapelle
Versailles Palace
Sacre Coeur

See answer on page 170.

U.S. History

Statue of Liberty

W D Y R E V A L S F O N O I T I L O B A E
N R L N F R E D E R I C B A R T H O L D I
L E N R L D L B Y Y D D R R Z B Q B O Z Z
J Z W D O G P Q D K N R R T X R T U W V Y
N R J Y R W N L Z Y T B T K T Y A Y U Q B
V N J M O D E L D M X Z K E M R Z S X N G
B Z W Z R R N H B N M L C N D M C W K N Y
X T G D T Y K T T Z A N B D Z E Q M J G D
N Z X L D R P H L G A L E D N M O X P G V
K M T M J M L Y A R N L S T N D P Q V K T
K R T J L Y T M F R A I E I E J J J R L K
B X J N L X G Y M B B N N E S K M J V M V
R Q L T R G P T O P N O R E X I J N N P Y
P V V B D G Y U L I G F R M T V L T Y Y X
T J N Y B G L T A D W Q R J D H D L C J M
Y G X D R A X L Q M K R X N G M G O E D P
J B T R Y K M M G L N P J R B G P I R J Y
W B N E Y N W P X D L T W M L P Y J L R G
D M L N L W B M B W N K M L E M M T T N L
X Y P Z W M D R X T X B K R P B G T P L E

Frédéric Bartholdi

Freedom

New York Harbor

Ellis Island

Copper

Enlightening the World

Abolition of Slavery

U.S. Centennial

Édouard de Laboulaye

France

See answer on page 170.

Sports

Recent Scandals

M A R I O N J O N E S L G N N M P N S M
M G B V L Q N P Y T D P Y V D Z G T M K
L U V Y Q Z D M G A Y B J L N R I P A M
A E I M M V B K D G B B W J Q E P S X T
N T D N Z E D B Z Y G B N T F K T Z N Y
C A N G O T D L Y P D M M R J R K B R P
E G D D R D D I M S N M O Q O M L X W V
A E Q G W B L L N J T F S S J W B M N W
R T V Y Z L J E L A E I S D Y Y J L L X
M A V N N M L D M L S I M K I M Z N Y K
S L W Y G Y M Q L S G P M D J O L V W M
T F T R Y L V I G N A J I Y O R R R M M
R E X Y G Y V M S T L V K R T N R E N N
O D K L Y S V T T V P T O J I K A L T L
N Q W Y I G E Q K B L K N P Z T K G Y S
G J K U Y A Y Z B Y Z W T R A Y L Y H M
L Q O N L J Y Y W Q Z D G Y D R P L X Y
J L K I Z G K Y L D P D K P P X A N X G
G Y N L J N L X Q T W W L Z M T V H B V
J G K K X T B M N Y D Q Y Z M V Z L S R

Deflategate

Astros Sign-Stealing

Louisville Forfeits

Lance Armstrong

Medina Spirit

Tim Donaghy

Spygate

Sharapova's Meldonium

Marion Jones

Steroids

See answer on page 171.

World History

Early Christianity

E	L	U	R	E	N	I	T	C	I	D	E	N	E	B
E	N	I	T	N	A	T	S	N	O	C	P	L	T	L
E	D	I	C	T	O	F	M	I	L	A	N	S	M	K
L	T	R	D	H	L	Y	Y	X	U	E	I	R	T	L
Z	N	J	R	L	M	R	K	L	R	R	X	M	Q	Y
T	L	I	R	T	J	A	O	I	H	Z	P	V	M	P
N	H	Q	S	D	D	F	P	C	K	T	V	D	G	W
C	N	N	Z	L	T	M	S	O	T	Q	K	Z	G	Q
G	Z	B	Q	A	E	U	M	E	S	S	I	A	H	J
Q	N	V	R	N	S	P	N	Q	L	T	Z	N	D	B
D	Y	S	A	E	K	B	S	M	X	D	L	R	D	J
M	U	M	J	R	T	N	G	O	B	M	Z	E	R	W
S	O	P	B	G	M	R	N	R	G	L	Q	J	S	V
R	V	D	K	Y	N	Y	X	Y	Z	G	T	X	P	L

Jesus Christ
Paul of Tarsus
Gospels
Benedictine Rule
Constantine
Edict of Milan
Apostles
Messiah
Chi-Rho
Roman Empire

See answer on page 171.

Business

Leading Businesses—Commercial Banks

JPMorgan Chase

Bank of America

Citigroup

Wells Fargo

Goldman Sachs

Morgan Stanley

Capital One Financial

U.S. Bancorp

Truist Financial

PNC Financial Services

S B A N K O F A M E R I C A D R Q T J L
Y E Y Y W D Z Q Q D J Z J D G T R L A X
W P C R E L T D L X T P L T B U R I V T
E U N I V L R N B D M T R P I Q C M L J
L O G J V T N M Q O Y B G S Z N B J J Y
L R G O L R T A R U B W T Q A L J Z Y M
S G B D L N E G T M S F R N Q V R L Z X
F I Y T G D A S Z S I B I D R N V X P Y
A T Y L R N M B L N N F A L B Y Y D Y N
R I R R C Y R A A A E A N N L P N D R Q
G C L H V Z Y N N N I L G L C Q L P G J
O J A Y K Q C P O S Q C J R T O B X D J
N S M G D I R L B K A G N W O Q R K M X
E B T G A K A N Y R J C Y A J M T P L M
Y R M L J T G R N Z R M H D N N N R T M
Y V Y D I K K V R M R Q B S P I N Y J R
Z R J P R Z D Y M Y Y R G M L Y F T X L
P R A Z T X G N J T T T M N L D J C L V
L C Y M R K X Q G V D V L K B J K R N Y
L J T N W B Y B K P Z T D T R Y T J Y P

See answer on page 171.

World History

Early Islam

N G R Z V Y T L R R L L M
B L B S H I I T E H X I T
M K Y D Z Y B D E T L Q Y
M W D Y L L R G K S G L D
N U L U Z M I Y U M X D R
A V H D M R T M Z D G X G
R N Z A A A I A Y L V Q G
U P D C M N Y Y I H W Y Q
Q V C J N M Y Y P B E Z R
K E M U M R A I A M A V V
M Y S B X L L D E D R R X
J D M N Q A B N D V V Z A
M R N L C L P K L Q R T B

Yemen
Muhammad
Mecca
Quran
Hegira
Sunni Muslim
Caliph
Shiite
Arabia
Umayyad

See answer on page 171.

Arts and Media

Emmy Awards

E V I L T H G I N Y A D R U T A S
C T H E C R O W N P M T R T S Q D
A T H T M N R J R J M N N S R N T
R V J E W Y T D E T X K E D A R B
G B M Q Q B X A X O L T M M G K M
A K T T J U N P S D N Y E Z A W Y
R V E Q M S E S B O L L R T L Q K
D N Y B M W A E C D O W E T Q G R
S B T A E L K T N C V W J Z T K N
L Z R N D R O T A S I V Y M W J N
U T J E B O T I Z N G Y T X D R Z
A N T L F D V X S W M A G N J R N
P M B E Y I L L E J T G M J P L Y
U D R Q L M E L Q L P B J B L M J
R A Q O P T L Y G V A L N N I P T
B N Y D Y L X D W R J N Z J Q T R

The Crown

Ted Lasso

Jean Smart

Olivia Coleman

The Queen's Gambit

Saturday Night Live

Kate Winslet

Barefoot Contessa

Alex Trebek

RuPaul's Drag Race

See answer on page 172.

World Facts

Deserts of the World

A	I	R	O	T	C	I	V	T	A	E	R	G	Y
I	D	A	Y	W	G	N	X	P	Q	T	L	P	R
N	E	D	R	N	L	G	R	Z	Q	R	D	D	X
O	A	M	R	A	N	X	S	N	A	I	R	Y	S
G	T	R	E	Y	B	A	X	R	A	I	Z	X	Q
A	H	D	G	V	H	I	P	I	R	I	M	Y	P
T	V	T	Q	A	A	J	A	A	B	D	B	Y	P
A	A	K	R	R	R	J	H	N	T	O	N	U	V
P	L	A	J	Q	V	A	O	X	P	J	G	W	N
M	L	D	V	K	L	V	B	M	K	Z	Y	B	Z
K	E	K	D	A	J	T	P	B	R	N	M	Y	X
B	Y	M	K	R	D	Y	D	K	P	P	J	J	R

Mojave
Arabian
Gobi
Death Valley
Sahara
Syrian
Patagonia
Nubian
Great Victoria
Kalahari

See answer on page 172.

Science and Technology

Volcanoes

S	M	E	R	I	F	F	O	G	N	I	R	L
E	N	A	N	E	W	Z	E	A	L	A	N	D
T	A	A	N	H	J	R	M	P	A	M	K	R
A	M	M	E	T	O	R	R	I	R	M	R	Y
L	E	S	J	C	L	T	S	T	N	T	N	Q
P	R	B	E	R	O	E	S	T	T	B	M	J
C	I	O	J	N	N	C	C	P	Y	Y	N	M
I	C	P	O	O	O	J	I	R	O	Y	J	P
N	A	V	D	L	R	Z	L	F	U	T	P	P
O	S	N	M	N	F	X	T	P	I	S	S	T
T	I	Q	Y	N	J	A	M	F	N	C	T	L
C	N	Y	M	Z	M	W	E	D	I	K	A	N
E	L	T	D	V	R	W	J	S	L	R	B	P
T	R	K	R	J	L	M	M	J	Z	Q	G	T

Ring of Fire
Tectonic Plates
Pacific Ocean
Hot Spots
Mantle Crust
Seafloor
Rift Zones
Americas
Indonesia
New Zealand

See answer on page 172.

U.S. Facts

Democratic Presidents

P	D	R	W	J	X	N	O	T	N	I	L	C
R	O	O	S	E	V	E	L	T	B	V	N	X
K	M	J	T	D	B	Z	D	K	R	N	R	D
N	E	K	W	W	V	Y	V	M	D	J	J	N
A	G	N	N	D	T	L	T	T	B	Y	L	T
M	C	X	N	R	N	J	A	U	L	T	R	R
U	J	A	M	E	B	A	C	M	T	R	G	Q
R	A	L	R	D	D	H	L	L	A	Y	N	W
T	C	J	X	T	A	Y	N	E	L	B	Y	R
N	K	B	M	N	E	E	T	M	V	D	O	T
B	S	G	A	X	D	R	J	K	L	E	J	B
Q	O	N	V	I	N	V	N	N	D	L	L	Y
D	N	J	B	W	W	T	X	N	W	M	P	C

Jackson
Cleveland
Buchanan
Roosevelt
Truman
Kennedy
Carter
Clinton
Obama
Biden

See answer on page 172.

Animals

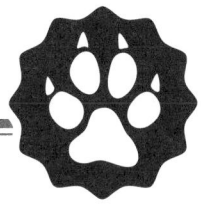

Animal Assortment

H	S	Q	U	I	R	R	E	L	R	R	Y	T	C
G	T	G	E	L	E	P	H	A	N	T	N	H	P
I	A	O	A	N	Y	J	P	J	W	Y	I	Z	D
A	B	K	L	R	Q	Z	V	Z	L	C	D	T	N
N	M	G	J	S	D	V	J	M	K	V	T	W	Q
T	A	T	Q	D	D	E	Q	E	Q	R	I	P	D
T	M	Z	N	D	X	E	N	N	J	L	I	K	T
O	K	K	D	B	R	S	O	S	D	G	M	M	Y
R	C	M	D	T	P	G	M	T	N	R	G	W	Z
T	A	R	M	I	Y	J	U	D	E	A	G	K	J
O	L	L	D	M	M	R	R	M	L	E	I	V	W
I	B	E	M	J	K	Y	Y	L	T	R	R	L	K
S	R	M	Z	E	Q	R	Y	J	X	R	L	H	L
E	M	Q	Y	P	T	L	J	Q	Z	L	D	J	T

Garden Snail
Three-Toed Sloth
Giant Tortoise
Spider
Chicken
Pig
Squirrel
Wild Turkey
Black Mamba
Elephant

See answer on page 173.

Education

Budget-Friendly Universities

E E J Y J T W L P R Y X R Y W D Q B Q
H T L G L J L R Q K Z D V T M B J W D
A R A I M H T P L K Q J N N E K D P X
W N T T Z Q C Y R D W J G T K N J T D
A G N X S A M E T A T S A N A T N O M
I W N Y M A B J T D L T T Y M D Y D D
I P N U D J I E Y O S V Z W G D N V Q
M B U Y O B V G T G J M T Z Y N Z T Z
A G R E D Y L G R H K A M Z K P Y N X
U D R V R W M U V O C T V M W Q R R X
I X Q K W T B A J M E I N A G O L L Q
Y N D M J S O Q H Q N G T Y N B N R W
J M Y L T K N R X G Q E E Y M M Y Y D
G W J T Z Q T J I Q I J P L S X N T P
J B I Z P M Z Q P C N R M S D T K T R
Y P Z T M P T B Y X O T B B A D A K X
K K M R V Q Y L L B Z M R N G D I T K
Z X J B T B W M V T M X D M J P N M E

Aspen

Logan

Montana State

Pittsburg State

Hawaii Maui

Navajo Tech

Middle Georgia State

Elizabeth City State

Brigham Young

Puerto Rico

See answer on page 173.

Location

Rome Landmarks

D	M	Y	L	L	R	O	M	A	N	F	O	R	U	M	Q	Q
D	Z	L	Z	L	E	T	K	R	D	X	D	Z	D	G	S	R
M	Q	L	Q	B	I	P	X	Z	L	R	L	Y	G	T	V	Q
S	K	E	W	N	B	H	A	C	R	M	L	D	P	N	J	T
T	U	R	S	T	I	N	E	H	O	Y	Z	E	L	Y	Y	R
J	M	M	G	E	A	A	N	N	C	L	T	T	N	Y	Z	L
D	W	L	I	C	H	R	T	M	I	E	O	D	K	R	J	P
Q	R	X	I	X	R	G	N	N	R	T	N	S	L	V	N	W
R	D	T	N	Z	A	O	R	S	U	B	A	I	S	M	J	J
W	A	M	M	Y	E	M	B	O	Y	O	D	L	T	E	N	G
V	R	D	R	H	G	A	S	J	B	Y	F	L	A	S	U	T
J	T	Q	T	J	S	V	M	U	N	A	X	I	Q	P	I	M
W	T	N	Z	I	D	R	M	Y	C	M	L	M	V	Z	B	S
B	A	L	L	M	Z	M	N	X	Q	R	L	L	N	E	Y	B
P	P	I	G	Y	M	V	X	B	T	Q	I	K	I	Y	R	T
W	C	M	M	Z	X	L	L	T	N	Y	B	C	M	V	K	T
A	M	V	D	P	M	L	R	Y	J	D	Q	D	D	T	D	W

St. Peter's Basilica

Vatican

Sistine Chapel

Colosseum

Palatine Hill

Roman Forum

Pantheon

Trevi Fountain

Villa Borghese

Circus Maximus

See answer on page 173.

U.S. History

Declaration of Independence

S	E	N	D	O	W	E	D	X	P	J
S	E	L	F	E	V	I	D	E	N	T
E	C	Y	T	R	E	B	I	L	P	M
N	R	V	T	W	E	S	G	U	N	V
I	E	G	Q	R	T	F	R	R	Q	G
P	A	M	E	H	U	S	I	R	P	M
P	T	T	G	Q	U	T	R	L	P	D
A	O	I	R	I	U	K	H	L	T	G
H	R	Z	T	P	W	A	B	S	R	N
L	N	N	J	R	Y	L	L	W	J	T

Truths
Self-Evident
Equal
Endowed
Creator
Rights
Life
Liberty
Pursuit
Happiness

See answer on page 173.

Sports

Olympic Games History

G	L	O	R	Y	R	Q	M	Z	C
Y	P	K	G	T	Y	M	B	O	D
S	Q	G	D	R	X	L	M	V	S
H	U	G	S	V	E	M	M	U	B
O	J	I	M	U	U	E	I	R	M
N	L	K	T	N	I	T	C	H	T
O	Z	T	I	I	L	T	C	E	V
R	B	T	Z	A	C	R	R	K	N
M	E	L	J	D	O	N	R	O	L
R	Y	N	W	T	N	M	T	B	F

Greece
Citius
Altius
Fortius
Communiter
Glory
Honor
Torch

See answer on page 174.

World History

Byzantine Empire

E	L	P	O	N	I	T	N	A	T	S	N	O	C
A	Y	T	J	U	S	T	I	N	I	A	N	X	P
L	I	B	S	R	A	V	E	N	N	A	D	T	R
R	B	H	B	A	G	L	D	B	I	R	S	G	T
X	O	Y	P	D	L	S	D	T	M	A	V	K	Z
T	G	M	L	O	C	C	E	W	N	D	D	N	L
D	T	L	A	I	S	L	O	V	Y	X	Z	T	D
I	M	D	A	N	C	A	I	N	D	Z	W	N	B
M	T	S	Z	O	L	T	I	B	O	W	D	L	X
D	O	A	I	M	A	A	D	G	B	C	Z	J	K
M	R	D	L	L	K	X	W	R	A	Z	I	R	L
L	W	Y	E	Y	K	Y	N	M	R	H	R	M	Y

Diocletian
Constantinople
Hagia Sophia
Mosaics
San Vitale
Justinian
Roman Law
Iconoclast
Ravenna
Italy

See answer on page 174.

Business

Leading Businesses—Life/Health Insurance

L W P A C I F I C L I F E T R L T E W L
E A R R Q P M D T P P G V M L D Q L A L
F W I M I T U D J T G X V D W U Q I T J
I G Q C P N X O N K D N B Y I R C W Z B
L N E R N X C Z R Z N W Y T Q N W V V M
T A M N Q A D I L G N D A N A Y N V V Q
E M N J W P N V P W M B D N V X R T J T
M Z J O V O W I D A L U I J N N R V L B
P T Y K I W R N F E L F N G J A L G J Z
D X B N K T B T H E L F M U F T Y J Y N
Y J W T M Z A O H A S K I L Q X W R M D
V Q J Z G J L N I F Z U A N J W J K K D
N V D Y T D M T N R I C O R A J P Y B P
V P B T I M N Y Z L T N P H B N Y Y X L
K J J N M E J N T D O D A R T R C T R P
K R G G D L R M D V M C B N M H N I T M
M S Z U Y W K T D Z N D N L C L G Y A M
G Q R J Y L R L T L L Q Y I M I D I N L
N P R T J W Y J B T T G Z G L Z A P R X
L Z X N W N Z N N L Y W V J W D B L M B

MetLife

Prudential Financial

Aflac

Lincoln National

Principal Financial

Unum Group

Equitable Holdings

Pacific Life

Genworth Financial

Brighthouse Financial

See answer on page 174.

World History

The Crusades

E	M	E	L	A	S	U	R	E	J	P	W	K	B
B	L	J	A	H	O	L	Y	L	A	N	D	A	Z
N	R	P	D	S	T	N	A	V	E	L	T	L	X
A	C	Z	O	B	I	Y	P	L	Q	T	J	B	L
B	L	H	B	N	Q	A	P	N	L	R	Y	X	N
R	V	M	R	Z	I	T	M	E	W	Z	B	N	L
U	D	D	N	I	X	T	O	I	A	K	I	T	M
E	L	V	L	J	S	F	N	N	N	D	L	P	B
P	B	P	V	R	H	T	T	A	A	O	D	K	L
O	L	M	G	A	Y	I	E	L	T	T	R	B	W
P	N	M	T	B	U	Q	A	N	N	S	V	N	Y
R	T	T	K	M	B	S	M	Y	D	M	N	D	V
D	I	N	Z	R	Q	G	X	B	X	O	M	O	Q
N	T	V	T	M	L	Q	B	J	J	V	M	L	C

Pope Urban
Asia Minor
Holy Land
Jerusalem
Levant
Battle of Hattin
Saladin
Constantinople
Byzantium
Christendom

See answer on page 174.

World Facts

Largest Countries by Land Area

S	E	T	A	T	S	D	E	T	I	N	U
A	X	A	I	R	E	G	L	A	K	X	D
Z	I	B	R	A	Z	I	L	A	V	N	L
P	J	L	I	G	C	P	Z	K	D	Q	D
V	X	D	A	Y	E	A	N	L	W	T	N
R	N	P	V	R	K	N	N	T	X	W	B
I	U	T	Z	H	T	A	T	A	M	T	L
Y	N	S	S	L	N	S	J	I	D	T	R
B	Q	T	S	I	J	G	U	Z	N	A	M
L	A	G	H	I	Z	T	D	A	Z	A	T
N	Z	C	L	M	A	Y	D	J	K	B	J

Russia
China
United States
Canada
Brazil
Australia
India
Argentina
Kazakhstan
Algeria

See answer on page 175.

Arts and Media

Money-Making American Movies

Harry Potter

Avengers

Lord of the Rings

Black Panther

Avatar

Dark Knight

Toy Story

Frozen

Star Wars

Mission: Impossible

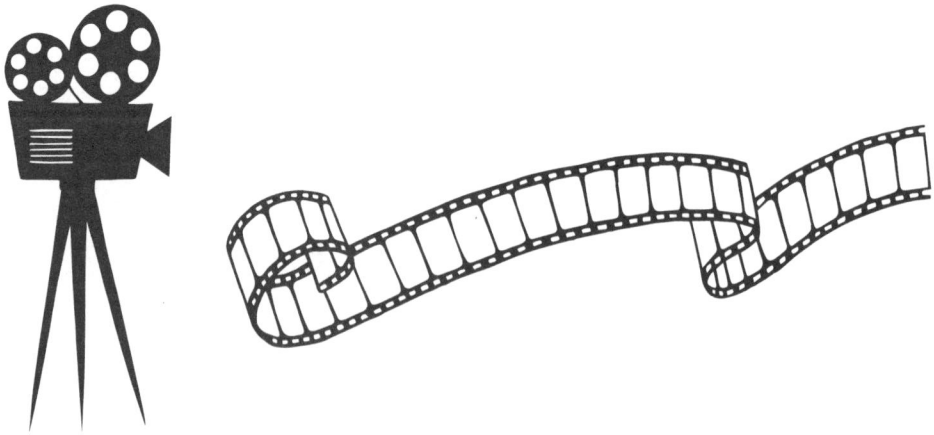

E L B I S S O P M I N O I S S I M
D W X L G Q X R K R L Y M B B Z L
H Y S J B M Q M R D Z T Q N W N Y
D A P G P L Q Z M V T M Q X W V Y
B Z R J N Y A K B H B R J D J T M
W D L R R I Z C G F P D P J M R Z
M J T L Y M R I K R R X N Y J V T
Z Z J O Z P N E D P A O W L R K N
K Z R Z Y K O S H L A T Z L N Y B
B V B T K S T T A T P N A E L K L
L L K R V A T L T V F L T V N T J
R T A L R B Y O V E E O T H A D N
P D Y W K Q T Y R R R N D D E R D
R Y A Q Q Q W N B Y D G G R Y R Y
L R T T N V Y T K W D D W E O Y T
S Q Y Q M P M X R T M J Z N R L P
Y T J R J G P L R M J W K Z R S V

See answer on page 175.

Science and Technology

Notable Volcanoes

Z	I	U	R	L	E	D	O	D	A	V	E	N	I
Y	D	P	P	X	N	V	W	Q	Z	Q	O	K	X
D	T	M	A	L	M	Y	G	D	Y	T	A	J	R
Y	K	J	Z	P	L	T	B	Y	G	L	W	G	N
W	R	Q	V	N	A	Y	A	N	G	R	Z	P	N
M	A	B	E	T	Q	N	I	M	T	B	V	N	K
D	K	B	S	Q	L	M	D	L	B	W	M	B	M
P	A	R	U	L	A	Z	L	A	T	O	K	R	Y
Y	T	N	V	L	E	J	U	J	Y	E	R	B	L
G	A	B	I	R	Q	E	N	N	L	A	V	A	V
B	U	J	U	X	T	D	L	U	Z	Y	N	R	M
J	B	W	S	W	M	P	T	E	R	E	N	Z	T
B	D	J	J	K	J	T	D	X	P	M	N	K	Y

Tambora
Krakatau
Pelée
Nevado del Ruiz
Vesuvius
Kelut
Unzen
Laki
Lamington
Papandayan

See answer on page 175.

U.S. Facts

First Names of First Ladies

J	E	L	L	E	H	C	I	M	Y
R	A	N	N	Y	L	A	S	O	R
O	M	C	B	A	R	B	A	R	A
N	V	E	Q	X	P	L	M	K	H
A	N	A	L	U	I	Y	N	I	R
E	Z	Y	R	A	E	M	L	N	V
L	P	M	G	U	N	L	A	Y	B
E	W	I	X	P	A	I	I	R	G
Q	B	Q	D	R	M	L	A	N	Y
A	M	Z	Y	P	Z	M	W	R	E

Rosalynn
Mary
Laura
Hillary
Michelle
Melania
Eleanor
Barbara
Jacqueline
Abigail

See answer on page 175.

Animals

Popular Cat Breeds

R I A H T R O H S H S I T I R B B
I G B N M S I A M E S E M A Y G V
A Q Y R Z A T N M R Y V G K T Y Q
H L S Q N A I S R E P A M B V P J
T T S R G J B N Y J M J T X R T G
R J I R Y G B T E U Y D B W W N T
O R N L D M V N F C D X G M G V M
H L I K P K V F D K O B G L T M P
S L A N N B I D D D K O B D Y L X
N B N Y N N L B J N W Y N N D N L
A M M Y M Y P A Z N Q L J W Y K N
C R A G D O L L G M Q R T H J Z B
I Y R P Q R Z T B N L D P B Z D Q
R B N T D Z B X N B E S D V T R V
E W G L N W Z N Q D Y B X L T D V
M B Q R G R Q W R D T J W T X T Z
A L L M Q Z M N T Y N T X K D N Y

Ragdoll
Bengal
Maine Coon
Persian
British Shorthair
Siamese
Abyssinian
American Shorthair
RagaMuffin
Sphynx

See answer on page 176.

Education

Esteemed Universities

N P E T A T S N A G R O M
O G E O R G E T O W N A M
T E Y N T H Q L L X I Q N
E M A J N P A K N B T L L
C A L V T S K R M W N Z A
N D E M N J Y U V V O I M
I E B Q R P L L Y A N R D
R R P Q Q O V R V I R N B
P T G V C G V N G A T D N
T O X N D K N R R Z N R K
W N R L N D I T N K Y I D
D N T N V V R M Y Z W T A

Brown
Columbia
Georgetown
Harvard
Morgan State
Princeton
Notre Dame
Pennsylvania
Virginia
Yale

See answer on page 176.

Location

Washington, D.C. Landmarks

S L A R L I N G T O N Y J M Y J L L P
S W A G R T D Y J W M V L L N N D W N
E W A I G B Q G T D G K K W A L V Q Q
R H G S R M J N B T J M N I R Z Y M W
G I G Y H O Z T N R J P N N M R T Z L
N T L P B I M M M D L O X M R L J A Q
O E K B J J N E B N S C J M Q R I B D
C H T R B K M G M H O W A M Z R Z J K
F O G Z Y O R J T N D G L P O V G M D
O U P W R N B I N O O D A M I P L L R
Y S D I M B M B T D N S E T T T J N K
R E A P J S J G M R M M R P N M O R V
A L L K N M M N D N N Y O E V E L L M
R Y M N D R W N Y L R X J N F W P T X
B Q J T D G D R O R R R B X U F W B J
I R Y X D W L C B J Q N V M B M E D N
L R K T T D N J M T M J P R D Y E J D
W V K M N I M D M L R P R Q J W D N Z
N Y Y N L J J Y W K W X R M M D R D T

Arlington

Capitol

Jefferson Memorial

MLK Jr. Memorial

Library of Congress

Pentagon

Smithsonian

Lincoln Memorial

Washington Monument

White House

See answer on page 176.

U.S. History

Preamble to the U.S. Constitution

C	J	U	S	T	I	C	E	B	M	J	T
P	O	T	T	D	Z	N	R	Y	Z	R	Y
R	P	N	K	Y	X	O	L	N	A	W	Y
B	E	M	S	J	L	I	D	N	J	E	Z
J	R	B	X	T	K	N	Q	M	R	M	E
N	F	Z	Y	M	I	U	J	A	V	C	J
L	E	T	L	T	I	T	F	J	N	G	P
N	C	J	Q	L	R	L	U	E	T	E	Q
D	T	Z	I	Z	E	E	F	T	O	L	F
N	P	T	J	W	B	E	B	P	I	O	T
M	Y	R	B	Q	D	L	L	I	R	O	N
D	N	R	P	T	N	E	M	M	L	L	N

People
Form
Perfect
Union
Justice
Tranquility
Defence
Welfare
Liberty
Constitution

See answer on page 176.

Sports

Olympic Winter Sports

G N I I K S Y R T N U O C S S O R C
E G S P E E D S K A T I N G Y X Y Q
G G N Y G N I L R U C G T E L V W Z
N N U I T N Q M L B N D K J Y L R D
L Q I L T Y I Y J I Z C T T Q Y Y J
M N G D Y A M P I V O T L J D R N L
Z D J M R W K K M H J G D Y D W Y W
Q N D T J A S S E U B Y N Q D V L M
B Q Q W B E O C E O J W D Q Y P W V
J L T L N B I B B R T I J Q M L Z B
Y R L I L Y X S W J U T K N M L L N
G P P M B T L R K O M G X S V R Y R
X L G T B E Y J D J N B I Q X V N J
A N R M D Q D G R Z X S D F N M Z L

Alpine Skiing
Bobsled
Cross-Country Skiing
Curling
Figure Skating
Ice Hockey
Luge
Snowboarding
Speed Skating
Ski Jumping

See answer on page 177.

World History

England in 1350–1600

S	E	S	O	R	E	H	T	F	O	S	R	A	W
A	D	A	M	R	A	H	S	I	N	A	P	S	D
S	H	A	K	E	S	P	E	A	R	E	M	Y	W
J	T	L	K	J	E	D	B	T	R	A	Z	B	L
K	E	U	W	I	J	F	G	K	G	B	C	M	V
Y	B	N	D	K	N	D	F	N	T	H	R	L	T
Y	A	J	Y	O	M	G	A	I	A	T	D	V	M
M	Z	W	P	J	R	C	J	U	L	L	R	W	T
B	I	Y	W	N	A	T	C	O	Y	C	Q	X	D
V	L	Y	X	R	J	E	T	R	H	P	Y	Q	D
P	E	N	T	W	R	V	N	K	K	N	P	W	Z
Y	Y	A	L	M	R	E	L	P	M	Q	N	M	B
L	Q	M	K	Z	H	N	Z	R	Y	R	L	R	M

Magna Carta
King John
Wars of the Roses
Tudor
Henry
Spanish Armada
Chaucer
Wycliffe
Elizabeth
Shakespeare

See answer on page 177.

Business

Leading Businesses—Food Products

S	P	U	O	S	L	L	E	B	P	M	A	C
P	L	R	J	M	Y	P	R	M	B	H	Y	V
L	N	L	N	M	E	E	C	L	O	N	Z	G
D	A	M	I	P	S	C	H	R	L	N	K	D
B	N	N	S	M	O	M	M	S	I	R	X	G
M	J	I	D	R	L	E	U	E	R	K	W	T
J	C	Q	M	O	L	A	H	C	E	E	X	J
O	N	I	T	F	L	T	R	L	K	Z	H	Q
M	C	M	O	Z	F	A	L	E	B	E	D	Z
K	K	O	V	A	X	O	K	X	N	T	R	Y
M	D	P	R	Y	G	Y	D	E	J	E	T	B
S	Q	K	Y	G	T	Z	T	N	S	T	G	Z

PepsiCo
Kraft Heinz
General Mills
Land O'Lakes
Kellogg
Hormel Foods
Campbell Soup
Hershey
J.M. Smucker
McCormick

See answer on page 177.

World History

Mughals and Safavids 1350–1600

E	T	A	N	A	T	L	U	S	I	H	L	E	D
M	M	Q	M	R	P	R	L	S	L	Z	Z	R	B
K	L	I	A	Y	L	L	I	J	P	R	Q	R	N
P	R	B	L	S	V	K	D	Z	T	P	V	Y	J
K	K	J	X	S	H	S	N	A	M	O	T	T	O
A	U	V	T	I	U	A	K	G	K	Y	K	N	W
L	R	K	S	A	D	M	H	R	T	Y	A	N	W
K	D	M	B	J	J	B	Y	J	Z	H	T	J	V
R	U	B	T	N	D	M	X	X	A	M	J	W	W
U	D	N	I	H	G	J	A	F	G	H	J	B	Z
D	J	X	N	L	J	Q	S	H	D	Q	A	W	B
Z	R	P	D	T	Y	I	Q	D	A	P	Q	N	R
Z	M	P	J	V	Y	Y	X	V	N	L	W	L	V

Delhi Sultanate
Akbar
Urdu
Shah Jahan
Hindu
Muslim
Taj Mahal
Sikhism
Ottomans
Isfahan

See answer on page 177.

Arts and Media

Top-Dollar Classic American Movies

D J S C I N A T I T J G M L W T
N U R Q Y N M V L M M W V M H T
I R A V X R M N B R R M T E E P
W A W T D R X M V L B Z S N M Q
E S R M R M D P X Z J O C U T X
H S A J Y E Q M M L U O G J Y T
T I T J A M H T Q N M T L R D J
H C S X G W N T D M S Z B L L L
T P N T K K S O A E D L J I W D
I A R B K G F N R F V N O Q Q N
W R G D Z M D R L M D N Y T X X
E K M B U M O K D X K O V P L B
N W J S E F Z T T I L G G W Y Y
O R I N J T N Y N N J R D N K N
G C T T P J L G L R T M Q B M R
N S D N N B D W N W J L Q T L T

Gone with the Wind

Star Wars

The Sound of Music

Titanic

Forrest Gump

Ten Commandments

Jaws

Jurassic Park

Godfather

Lion King

See answer on page 178.

U.S. Facts

State Capitals

T	O	N	A	S	H	V	I	L	L	E
A	T	J	K	J	U	N	E	A	U	E
L	N	C	Q	C	L	X	T	T	G	Z
L	E	N	O	N	R	L	Q	U	P	P
A	M	V	Y	N	A	A	O	L	H	R
H	A	L	E	N	C	R	M	O	J	W
A	R	P	T	S	N	O	E	S	Y	W
S	C	A	Z	O	I	N	R	M	I	N
S	A	B	T	Q	I	O	J	D	D	B
E	S	A	D	X	M	V	B	L	Y	V
E	B	K	Q	R	D	T	J	Z	L	T

Juneau
Phoenix
Sacramento
Tallahassee
Atlanta
Boise
Baton Rouge
Bismarck
Concord
Nashville

See answer on page 178.

World Facts

Smallest Countries by Land Area

Vatican City

Monaco

Nauru

Tuvalu

San Marino

Liechtenstein

Marshall Islands

Saint Kitts and Nevis

Maldives

Malta

S I V E N D N A S T T I K T N I A S
S M N A B M T Z R D J R B R J Z J Q
Z D B T J Y X K Y Q K Y K Z B W B K
G K N L G W R V D B M K V W D V X Z
U M P A X W J O P N J B L N A M J R
L N Q M L W X X N Y N I M T V R R N
A M M L J S L Y Y I E K I W J B D Y
V B G K V V I X N C R C R W M S M K
U G J M P K N L H D A A V W E D V G
T Z L N G Z M T L N X D M V Y N Y Q
N W M M N G E D C A R M I N A G Z J
T N M R L N P I K M H D O U A Q Q M
Z R J W S Z T J B D L S R N B S X Z
V J Y T Z Y L Y N A L U R N A M V R
L Z E D X X B G M B Q N Y A T C Y T
T I T Q T Y R B M R J Y B D M N O P
N Q M P M M M W L M Z D N R W Q R W

See answer on page 178.

World Facts

Largest Countries by Population

I	S	N	H	L	I	Z	A	R	B	W	L	N
N	B	E	Q	S	L	Y	X	N	X	L	I	Q
D	D	M	T	X	E	M	Z	P	I	G	V	L
O	P	D	R	A	R	D	Y	P	E	H	D	P
N	A	A	J	L	T	L	A	R	T	J	C	R
E	I	Z	K	W	G	S	I	L	P	J	U	T
S	D	P	Z	I	O	A	D	D	G	S	M	T
I	N	L	G	C	S	B	M	E	S	N	L	M
A	I	B	I	M	D	T	Z	I	T	J	A	K
R	Q	X	Q	B	D	M	A	M	Q	I	T	B
M	E	V	T	J	Q	Q	R	N	J	Z	N	N
M	R	D	M	M	Z	B	T	N	L	J	T	U

China
India
United States
Indonesia
Pakistan
Nigeria
Brazil
Bangladesh
Russia
Mexico

See answer on page 178.

Animals

Toy Dog Breeds

M T M N D G J W D Y N N G Z Y Y W
B I B V X N V N Y B T T R M W Z Y
Z D N G G B M D E L B L M B L O J
B Z T I L P V T H S P N T D R G C
Q T Y W A T D A L A E G Z K N H Y
V T Z M Q T V B P B N G S B I N G
S Z N T B A U I M A E H N H B R B
P H L J N V L R I N I L U I M Y R
T M I E J L D N E R T A D A K G P
J K S H O R A B E P H N L O G E J
V E D N T R P T P U I T D Y O N P
J Y Z Q E Z E Z A D E N Z J D P L
Y N D M B R U Z Q S N Y S R T Y B
P V O G R L N N E Z V W X C V M L
Q P R I D B X Y V J W J J Z H J T
K B E V Q D K D L G B D Q Z N E R
W R Z R R G Q X W B X G N Z Q R R

Chihuahua

Yorkshire Terrier

Shih Tzu

Maltese

Havanese

Miniature Pinscher

Papillon

Pekingese

Pomeranian

Poodle

See answer on page 179.

Education

Universities With Large Endowments

A I N A V L Y S N N E P M
D R J R V M P O Y L J Z Q
Q R V J T M T Y G T T Y T
Y D O R Y E T G P E J A D
L K M F C M H B X L I T R
M D N N N P I A M N N Y G
B N I B Y A S C R E T L R
Z R G X Q A T O H V L Q R
P S V M M Y F S R I A A Z
N A X B L I M I T R G R Y
G X M J L Y X D B Z B A D
J E T A B K G Y L N Y D N
D T C G Y Z G R Y W P T T

Harvard
Texas
Yale
Stanford
Princeton
MIT
Pennsylvania
Texas A&M
Michigan
California

See answer on page 179.

Location

Hawai'i

A	H	E	M	A	H	E	M	A	K	G	N	I	K
I	C	A	P	T	A	I	N	C	O	O	K	U	J
V	N	J	L	W	G	L	I	S	D	G	L	Z	Y
O	D	A	R	T	L	S	U	N	X	U	P	Q	J
L	N	B	L	D	L	C	Y	J	L	I	G	Q	L
C	T	B	P	A	S	L	X	O	N	V	K	Q	M
A	T	Y	N	I	K	Z	N	E	R	R	G	Z	P
N	W	D	B	G	Y	O	A	K	K	N	K	P	N
O	S	I	R	T	H	P	U	A	U	R	J	J	M
E	H	Y	W	K	P	W	J	I	H	K	T	D	P
S	Y	B	R	L	N	D	N	Z	L	O	U	T	T
X	M	N	E	G	D	K	M	R	T	I	L	I	N
B	Y	S	J	N	R	Y	B	Q	V	Q	L	A	Q

Captain Cook

King Kamehameha

Islands

Honolulu

Pineapples

Aloha

Hibiscus

Kukui

Volcanoes

Lili'uokalani

See answer on page 179.

U.S. History

1972

A N T W B M R D G Z M T P W Z Y Y S N N L
C P O N G P G E W Y J N R Z R N N W G K Y
I N L L P T D L H N W T M M M O B J T Q D
T L Z M Z N Y F Y T Q Q T D P J N R P Z N
T X D X T D L Q U Z A L M A X L D P N W Q
A R W R Z Q L R G R E F E L M R V L A J V
F V S G E T Y B G A M W D D R J R T M X G
O W U P X Q M J N K L A M O N Y E G K K D
S V P T Y Q U O B A B N N L G R J L W Q B
E L E B V Q N A C M W T Q V G E G M G Z Q
T L R G L M L I L G B Z L A G L H Y Y J J
A B S P E 7 G L W R Y V T Q R E X T J X R
T P T W M O 1 Z Q N I E N V W Q O N J N G
S V I T L N V O J R T G D L M R N R V R B
D M T O Y V T T L N N N H K G T M Q G L T
E L I L K N P B Q L M R M T X L T Z Z I N
T B O Z M N B J T J O V Z M S P R X R B A
I B N N V L P N R D Z P R Y Q R R Q N B R
N Y M T T W R K N N B Y A R L D M J W B T
U B D Q V D J W X B Z R Z M Q M Y D L D Y

Pong

Equal Rights

Watergate

Furman v. Georgia

United States of Attica

The Godfather

"Superstition"

Biological Weapons

"Lean on Me"

Apollo 17

See answer on page 179.

Sports

Olympic Summer Sports

G	N	I	V	I	D	G	N	I	M	M	I	W	S
D	R	S	L	M	B	L	G	K	R	S	Y	Z	Q
L	Y	O	V	L	V	G	D	Y	C	N	Y	J	G
E	T	C	Q	N	A	G	T	I	N	Y	R	Z	J
I	E	C	L	L	A	B	T	E	K	S	A	B	Z
F	N	E	G	Q	C	S	Y	G	M	B	X	R	L
K	N	R	N	R	A	Y	N	E	O	N	L	W	N
C	I	D	D	N	J	I	C	X	L	K	P	B	Y
A	S	Y	M	N	C	W	I	L	M	L	W	B	M
R	R	Y	K	N	V	N	T	T	I	J	O	Z	Q
T	G	W	E	M	G	Z	Z	D	M	N	D	V	N
B	P	F	V	R	Y	X	R	Y	K	N	G	L	N

Basketball
Boxing
Gymnastics
Soccer
Swimming & Diving
Tennis
Track & Field
Cycling
Fencing
Volleyball

See answer on page 180.

World History

The Reformation

E	N	I	V	L	A	C	N	H	O	J	R
N	F	Y	T	K	T	X	J	N	N	E	L
O	J	F	T	H	P	R	Y	L	H	Q	P
I	O	H	I	J	E	L	R	T	P	R	B
T	H	U	V	L	N	O	U	M	O	Y	A
P	N	S	Y	L	C	L	L	T	R	N	X
U	K	S	R	R	N	Y	E	O	G	Y	D
R	N	K	K	I	N	S	W	L	G	P	M
R	O	J	T	T	T	E	I	N	M	Y	T
O	X	R	D	A	V	C	H	J	H	V	V
C	A	N	N	L	A	G	Y	B	W	O	B
M	T	T	P	N	N	N	V	L	M	M	J

Theology
Corruption
John Wycliffe
Huss
Martin Luther
John Calvin
John Knox
Henry
Anglican
Protestant

See answer on page 180.

Business

Leading Businesses—Property Insurance

Y	L	I	M	A	F	N	A	C	I	R	E	M	A	G	P	B	L
F	A	L	L	S	T	A	T	E	Z	R	L	M	Z	Z	E	L	D
E	I	M	V	J	B	N	D	B	Y	Y	W	X	R	R	V	L	Q
V	C	D	Y	L	K	D	L	R	R	B	B	T	K	L	Z	Q	V
I	N	Z	E	B	I	W	J	L	T	Y	D	S	T	Q	Q	N	P
S	A	J	B	L	N	B	V	J	T	N	H	M	T	B	Q	R	B
S	N	B	X	D	I	R	E	T	J	I	A	R	Q	Z	Y	K	L
E	I	N	T	J	R	T	W	R	R	G	R	C	M	B	T	R	Q
R	F	D	Q	G	S	R	Y	E	T	R	K	P	I	Z	B	K	G
G	D	W	B	W	Y	R	H	N	V	Y	J	Q	J	R	L	D	Z
O	R	K	N	T	Y	A	E	Q	A	V	M	M	G	Y	E	B	Q
R	O	W	X	J	T	T	R	L	D	T	Z	U	M	B	Z	M	Y
P	F	K	B	H	Q	P	J	V	E	B	I	W	T	Q	Z	N	A
M	T	N	A	V	K	Q	K	B	J	V	J	O	L	U	K	B	A
L	R	W	Z	P	K	R	T	N	T	W	A	L	N	D	A	A	T
D	A	B	K	L	Q	Y	M	R	N	M	Y	R	N	A	S	L	T
Y	H	N	Y	L	M	B	Z	D	T	Q	R	T	T	U	L	Q	L

Berkshire Hathaway

Allstate

Liberty Mutual

American

Progressive

USAA

Travelers

Hartford Financial

American Family

Fidelity National

See answer on page 180.

World History

Scientific Revolution

N R Y E L L I P T I C A L O R B I T S G
I T B R L X M Y T G D X Y G M P J T O N
C W L L O B S E R V A T I O N A L T G Y
O R E L P E K S E N N A H O J Q T X N T
L Q V Q I J H W B G T V J B B F G T Z K
A R P I D S Y T L J M M J Q R P G D R W
U B R Z E Z A K C Q M G Z I V J N Q Q Y
S K B E T L J A N I Y M E J B Y N Q R R
C Z Y P N V I L C D R D P R Z B D T Y Z
O N T B R E N L R N V T K D T M E R B W
P G Y D T T D M A O E V N L Q M X J B Z
E T J B R V D E N G N W D E O W Y G W G
R W Z D D Y G L S D O L T E C D B D R Q
N R Y P R Z E K P C Y E G O D O M T K Y
I V R R B I P Q L Y A N L N N X I V Q Z
C R V Q B L L N V B J R D I Y B M L P D
U X J N Q Y B P N T Z V T Z L V N B E J
S N I R Q V B L W M T R P E D A G Y L H
N Z V M R X B J Q D Z Y L L S D G V B Y

Nicolaus Copernicus

Heliocentric Theory

Johannes Kepler

Elliptical Orbits

Galileo Galilei

Isaac Newton

Gottfried von Leibniz

René Descartes

Observational

Geometry

See answer on page 180.

Arts and Media

Famous Classical Composers

P	T	K	M	Y	H	A	N	D	E	L	R
A	R	D	B	N	S	M	Q	T	J	A	X
C	E	Y	D	E	R	S	R	K	C	D	Y
H	B	N	R	M	E	T	U	H	T	W	T
E	U	I	Y	N	N	T	M	B	N	M	B
L	H	M	D	M	R	A	H	I	E	Y	R
B	C	B	V	L	N	T	P	O	B	D	V
E	S	W	X	I	A	O	R	A	V	L	V
L	P	K	N	M	H	V	C	A	G	E	M
R	Y	O	Z	C	N	H	I	J	Z	L	N
J	F	D	D	W	Y	R	Z	V	J	O	N
F	D	Y	P	B	N	Z	T	N	R	K	M

Chopin
Bach
Debussy
Beethoven
Handel
Vivaldi
Rachmaninoff
Schubert
Pachelbel
Mozart

See answer on page 181.

World Facts

Densely Populated Countries

B	M	A	U	R	I	T	I	U	S	R
V	A	T	I	C	A	N	C	I	T	Y
Z	D	N	T	T	I	M	N	S	M	J
M	T	Q	G	A	A	G	O	A	V	M
D	Y	V	R	L	A	D	L	M	M	T
K	Y	H	T	P	A	D	B	O	K	N
K	A	A	O	B	I	D	N	J	T	Q
B	T	R	R	V	L	A	E	B	R	D
G	E	A	E	M	C	D	P	S	G	G
R	B	S	W	O	B	L	B	V	H	Z

Monaco
Singapore
Vatican City
Bahrain
Malta
Maldives
Bangladesh
Barbados
Mauritius

See answer on page 181.

U.S. Facts

Leaders on U.S. Currency

W	J	N	W	T	P	Q	K	G	J	D	Q	T
N	A	J	O	T	L	E	V	E	S	O	O	R
S	Y	S	Q	T	N	G	F	Y	N	R	W	R
F	A	W	H	N	L	F	R	L	Z	N	Y	T
R	J	C	E	I	E	I	O	A	O	Z	M	R
A	G	D	A	R	N	C	M	S	N	L	K	G
N	Y	V	S	G	N	G	K	A	P	T	T	D
K	M	O	T	I	A	C	T	L	H	K	T	Y
L	N	B	L	N	A	W	Y	O	P	B	R	Y
I	D	J	Y	J	N	B	E	Z	N	D	Y	P
N	J	L	B	Z	R	Y	D	A	N	N	J	X

Washington
Jefferson
Lincoln
Hamilton
Jackson
Grant
Franklin
Roosevelt
Kennedy
Sacagawea

See answer on page 181.

Science and Technology

Cities With the Tallest Towers

Tokyo

Guangzhou

Toronto

Moscow

Shanghai

Incheon

Tehran

Kuala Lumpur

Tianjin

Beijing

R I A H G N A H S G L
V U B Z T T M W U M Y
B B P J M R T A D Z T
M E L M O T N O R O T
O N I P U G Z I K N L
S N Y J Z L N B I Y W
C Y A H I C A J Y K O
O N O R H N N L B M M
W U G E H A G M A W T
Q Y O M I E M G B U K
Y N R T R M T R Q J K

See answer on page 181.

World Facts

Sparsely Populated Countries

A	E	M	A	N	I	R	U	S	R	G	X	X
I	T	N	Y	A	D	V	W	K	J	N	Z	L
N	B	Y	Z	D	I	N	Q	P	T	A	T	T
A	O	Y	Q	T	Q	B	A	A	I	J	P	D
T	T	Q	B	B	R	B	I	L	Y	K	M	Z
I	S	Z	W	Z	G	G	A	M	E	B	R	T
R	W	L	J	G	U	R	O	K	A	C	I	R
U	A	Y	M	Y	T	N	C	T	Y	N	I	L
A	N	D	A	S	G	L	P	A	G	N	K	J
M	A	N	U	O	K	Z	N	T	N	J	Z	B
J	A	A	L	Y	Q	P	L	T	Y	A	W	N
N	N	I	G	X	N	G	T	R	V	N	D	X
Z	A	J	R	W	Q	B	W	M	M	W	W	A

Mongolia
Namibia
Australia
Iceland
Suriname
Mauritania
Libya
Guyana
Botswana
Canada

See answer on page 182.

Animals

Groups of Animals

S E I L F R E T T U B F O R E T T U L F
P A E R I E O F E A G L E S W M M W W Y
R A Z T N N J G Z Y R P N V G J N Y B W
M H R L R T N L G G Z X Q L Z L Y N S M
S B S L S A R B E Z F O L A E Z Y E S N
A E Q I I V Y X G N Q N R M Q D H N W J
N V Q L F A R Z K Q Q V P W V C I X N V
E Y D M K Y M B N N Y T R R N H R R T P
Y O W R B M L E V Y M J L I P O L T T T
H F Y K V D W L N N N J F L M Y Q J Y J
F S Z N D R L W E T R F O P T M M J V L
O W G X N N X X D J O D O D V L N G D D
E A R X R Q N W D M F F R M Y J K Q Y J
L N T D R N Q N R O O O O J B W R G L L
K S G V B R R A D T N L K W L J B L W Z
C G W G W L H O T N M T Y C L X M R Q B
A Y B J P C P E D Z G N D M A S M R Y R
C W M N L Y R V T Y D R R X L M M R L P
N Z Y M Z S G T Q W W T K M W Z S Y R M

Bevy of Swans

Pod of Dolphins

Zeal of Zebras

Smack of Jellyfish

Flutter of Butterflies

Aerie of Eagles

Parliament of Owls

Romp of Otters

Cackle of Hyenas

Charm of Finches

See answer on page 182.

Education

National Spelling Bee Words

A	R	U	T	A	I	G	G	O	P	P	A	E
P	S	N	E	P	A	T	E	U	G	Y	C	M
E	R	C	E	R	N	U	O	U	S	N	D	Z
N	G	O	D	K	Y	I	N	R	E	G	J	Y
I	U	W	C	V	O	L	A	I	N	P	X	B
F	E	G	N	O	W	I	C	C	T	M	G	Y
E	R	K	L	L	C	I	N	L	O	K	T	R
R	D	J	J	N	P	U	L	O	N	R	Q	X
R	O	Z	W	S	J	T	R	A	N	L	A	L
E	N	G	O	M	L	J	I	A	Q	I	D	M
S	V	R	D	R	W	D	P	M	N	Q	A	N
Q	P	J	W	N	E	T	J	D	R	T	N	T
T	Q	L	N	L	B	T	M	L	D	D	E	Y

Cernuous
Koinonia
Marocain
Knaidel
Guetapens
Guerdon
Serrefine
Appoggiatura
Prospicience
Prococurante

See answer on page 182.

Location

Michigan

G	M	O	S	S	O	L	B	E	L	P	P	A
Y	N	Y	L	X	P	T	R	T	N	P	P	R
V	L	I	N	D	I	D	N	D	O	D	P	X
R	L	G	R	O	R	L	T	N	J	X	X	D
Y	R	J	R	U	T	J	T	L	W	M	Y	B
R	L	T	R	E	T	I	D	H	E	T	J	R
P	E	P	M	X	A	C	I	L	Y	D	X	R
D	R	L	T	C	A	T	A	L	Y	Q	O	P
K	J	N	V	W	E	N	L	F	L	M	P	M
W	V	D	A	P	S	I	N	A	U	J	N	K
M	Z	T	I	I	B	B	J	T	K	N	Y	L
Y	T	N	N	R	X	O	D	J	V	E	A	M
O	E	G	T	M	Y	R	L	V	T	N	S	M

Great Lakes
Lansing
Detroit
Apple Blossom
Robin
Pontiac
Model T
White Pine
Manufacturing
Ottawa

See answer on page 182.

U.S. History

1997

D	I	A	N	A	P	R	I	N	C	E	S	S	O	F	W	A	L	E	S
T	H	E	F	I	F	T	H	E	L	E	M	E	N	T	R	T	Y	T	Y
Z	Z	J	L	M	W	I	X	L	D	N	Q	K	T	E	H	R	Z	R	R
W	B	D	N	J	J	T	K	Y	L	D	Y	Y	T	G	J	D	D	D	Z
B	J	V	L	W	X	A	V	L	X	L	X	T	I	T	N	T	D	M	T
M	D	H	T	X	K	N	N	R	T	Q	O	R	W	B	Y	Z	M	Z	L
T	R	D	E	N	R	I	T	R	N	P	B	M	L	G	Z	L	J	V	N
A	X	T	G	A	W	C	M	P	Y	L	D	V	N	G	M	J	J	G	K
M	D	D	W	W	V	K	G	R	A	M	N	O	M	Z	Z	D	J	Y	Y
A	E	V	D	P	Y	E	R	E	R	T	N	K	L	L	T	Y	X	L	D
G	D	N	W	N	K	A	N	M	L	X	H	B	K	L	W	R	L	D	T
O	N	X	I	Y	H	I	K	S	L	J	N	F	Y	W	Y	V	L	Y	P
T	D	K	T	N	E	L	N	B	G	V	L	N	I	M	N	T	G	L	M
C	R	J	M	L	B	L	G	P	P	A	M	T	Z	N	J	W	N	V	R
H	Y	J	E	D	R	L	K	B	X	M	T	V	D	V	D	B	R	V	M
I	N	D	T	Q	R	P	A	D	Y	Y	B	E	L	Z	D	E	D	J	R
Z	A	Y	N	T	T	D	D	C	Q	J	J	D	N	W	D	Y	R	B	Y
M	J	Q	J	J	L	R	V	M	K	Q	X	B	M	X	W	M	B	B	V

Madeleine Albright

Pathfinder

Diana, Princess of Wales

Titanic

The Fifth Element

Men in Black

Harry Potter

Tamagotchi

Heaven's Gate

"Dolly"

See answer on page 183.

Sports

Recent Heisman Trophy Winners

D A Z J K D L W N W P Y Y X J L Y
L H T I M S A T N O V E D O J N G
E J V O G L B L G L D D H Y I T J
I N O T I T A W Y B T N Q F G N N
F Y M E V R B M V N N L F L O V K
Y B R N B X A D A Y T I B T M Y Y
A V M N J U L M M R R D S L L J T
M J Y B E T R A S G J N K E L Y R
R R T D X H N R T U I A R Z Y B M
E V G Z T Z K R O W C M C D W D Q
K J X R I P E C S W U R G K L R D
A N D E Y B L I I R R L A G S M K
B G L M O L E M R R Y M B M P O J
P W Q R J M Z A Q Y R D D R M Q N
M G B T A K Y J Q B N E M L R N B
B L B J N D R N K W B N D W L R K

DeVonta Smith
Joe Burrow
Kyler Murray
Baker Mayfield
Lamar Jackson
Derrick Henry
Marcus Mariota
Jameis Winston
Johnny Manziel
Robert Griffin

See answer on page 183.

World History

High Renaissance

S E V E L C E D E S S E C N I R P
D E M M R Z M M T D Y Z N J T B M
Y Y U Y R P N D N T B X T D T R K
N V B L J T N X L D Y J M M N P V
A L K X A A D E G T Y I X M P M K
M Q J D R V V X I L C T J V G L R
I D R B R O L S W H E U Q O R A B
C K M D N E O A E G V B B L L Y Y
S E Y Y P U A L C E R N D T D R D
R D M Y T M A L R I W T Y N K T Z
N M L R R N R M I D S B B G T T G
K K I M G N E K Z S D S Y L Y Q R
M V M E J E L Y L D M G A Y K W M
R Y L P R Z R L G B B J V L Z N T
Y O Z P L K M B Z K M L G N C D L

Michelangelo
Baroque
Realism
Princesse de Clèves
Rembrandt
Vermeer
Virtuosity
Novelty
Dynamics
Classical Values

See answer on page 183.

Business

Leading Businesses—Retailers

O R E I L L Y A U T O M O T I V E
A D V A N C E A U T O P A R T S B
D O W B A D L L M X D K D X L D V
O L X T E U Z Q Q N Z Y T Z T N Z
L L R R R D T T T Y P B W W N T Z
L A O Z T A B O Y K J J J Z T K Y
A R R W K Y C A Z B T B Y K W N B
R G R Y E K D T T O T L L T J R T
T E D X N S Q O O H N X D B P R N
R N J M N M P Y R R B E Y J B X Y
E E W J Y E U P M Q S E D T M M Q
E R M D D B N X G L Q U Y T N L B
T A B E T W L D M K Y R P O T Y N
P L M S T V W V Z M L R B P N D W
G O E M P V J V N Q N R L Y L D R
H B B M M B J K P M W V T X Y Y Y

Home Depot

Lowe's

Best Buy

Dollar General

Dollar Tree

AutoZone

O'Reilly Automotive

Bed Bath & Beyond

Tractor Supply

Advance Auto Parts

See answer on page 183.

World History

Commercial Revolution

S	D	L	M	V	P	T	N	Q	Q	S	V	V	N
R	J	R	G	L	D	Y	K	J	E	Y	P	J	B
E	K	R	Q	X	L	V	K	I	X	Y	B	Z	D
W	D	C	J	T	D	G	R	L	E	D	Y	P	N
O	M	K	O	D	I	T	M	C	Y	M	M	M	N
T	Y	E	M	T	S	D	N	Y	O	J	M	Z	M
K	Z	V	R	U	S	A	E	N	D	Z	P	N	T
C	Y	R	D	C	R	T	O	R	E	V	L	I	S
O	J	N	Y	U	A	C	N	G	C	M	N	B	L
L	I	D	S	T	E	N	O	I	N	R	Z	L	D
C	T	N	M	R	D	L	T	R	O	M	M	L	N
M	I	G	Z	A	D	N	G	I	W	J	V	J	P
J	Y	P	G	D	N	Y	R	L	L	D	K	K	R
Q	D	N	T	E	T	J	G	D	R	E	Y	N	Y

Economy
Trade
Gold
Silver
Joint-Stock
Insurance
Credit
Clock Towers
Mercantile
Industries

See answer on page 184.

Arts and Media

Famous Country Music Artists

D	O	O	W	R	E	D	N	U	E	I	R	R	A	C
R	W	D	W	S	T	Z	Y	M	W	N	G	J	K	N
T	E	M	O	G	E	T	M	A	L	A	R	C	B	P
I	M	B	Y	L	V	M	R	G	R	Q	A	M	Y	L
A	H	Z	A	T	L	G	I	T	T	M	J	E	N	M
R	Z	S	L	M	C	Y	H	R	O	V	L	T	L	Z
T	P	R	A	M	C	B	P	W	N	S	D	W	L	Z
S	T	Z	M	C	R	E	N	A	I	N	D	R	V	D
E	R	I	B	O	Y	N	N	A	R	M	A	T	M	V
G	T	B	O	D	A	N	P	T	D	T	P	E	Z	L
R	V	K	M	E	D	D	N	B	I	R	O	R	L	V
O	S	T	E	P	A	G	V	H	P	R	N	N	T	N
E	D	L	D	R	X	J	X	V	O	V	E	Q	T	D
G	M	Z	B	M	Q	W	R	Y	B	J	L	Z	T	B

Garth Brooks
Johnny Cash
Dolly Parton
Brad Paisley
Tim McGraw
Reba McEntire
LeAnn Rimes
George Strait
Carrie Underwood
Lee Ann Womack

See answer on page 184.

World Facts

"Hello" in Ten Languages

R	S	H	A	L	O	M	G	R	K
P	U	W	M	A	L	A	S	O	R
R	D	O	M	N	T	O	N	T	D
I	X	R	J	N	I	N	A	Z	D
V	V	B	E	N	I	H	G	I	Y
E	L	T	T	C	O	A	A	H	C
T	U	M	H	R	D	B	A	O	B
G	N	I	Y	D	R	L	Q	N	L
N	W	N	O	P	L	Q	L	G	P
A	B	G	B	O	Y	Y	Y	P	T

Salam
Ni Hao
Bonjour
Ciao
Konnichiwa
Privet
Hallo
God Dag
Guten Tag
Shalom

See answer on page 184.

Science and Technology

Anatomy of a Cell

E	V	Z	C	P	R	O	K	A	R	Y	O	T	E
T	M	A	Z	H	M	S	A	L	P	O	T	Y	C
O	I	I	N	M	R	K	W	P	N	L	T	J	N
Y	T	B	T	D	L	O	P	B	R	B	W	G	Q
R	O	J	J	O	D	K	M	D	T	D	G	B	R
A	S	T	N	K	C	E	P	O	Y	P	R	D	Y
K	I	D	K	Q	I	H	N	L	S	Z	Y	B	Q
U	S	K	L	O	R	U	O	N	V	O	Q	M	J
E	P	R	S	D	C	Q	I	N	B	G	M	N	M
L	L	I	R	L	L	E	Y	V	D	V	R	E	G
X	S	N	E	K	T	Z	Z	W	G	R	P	R	W
L	T	U	V	O	B	R	Y	R	Q	D	I	X	D
Z	S	D	R	L	N	P	L	K	M	B	J	A	K
B	L	P	Y	R	D	R	P	R	R	K	P	J	J

Chromosome
DNA
Eukaryote
Meiosis
Mitosis
Nucleus
Mitochondria
Prokaryote
Protein
Cytoplasm

See answer on page 184.

World Facts

Top Foreign Development Aid Donors

K	M	X	T	W	M	L	P	W	R	L	W	M
R	N	S	P	W	B	R	N	G	U	W	O	Q
A	S	M	D	T	B	L	E	X	M	D	T	N
M	W	W	B	N	Q	E	E	C	G	X	O	T
N	E	R	I	Y	A	M	L	N	N	R	Y	N
E	D	Q	N	T	B	L	I	G	W	A	R	D
D	E	L	N	O	Z	K	R	A	I	B	R	G
Y	N	Z	U	Z	D	E	Y	E	B	U	E	F
N	N	R	R	E	M	B	R	N	H	R	M	J
X	G	P	T	L	T	D	J	L	M	T	V	W
D	R	I	J	T	B	B	Y	A	A	R	E	J
B	N	M	K	B	Q	T	N	L	B	N	Q	N
U	X	D	T	K	M	Y	X	Z	T	Z	D	G

Sweden
Norway
Luxembourg
Denmark
Germany
United Kingdom
Netherlands
France
Switzerland
Belgium

See answer on page 185.

Animals

Baby Animals

G	Q	N	B	M	A	L	E	R
N	S	K	W	B	J	L	D	R
I	C	Q	U	A	O	N	Y	K
L	A	C	U	P	F	D	I	K
R	L	P	D	A	C	R	J	D
A	F	A	L	O	B	O	W	Y
E	T	B	L	M	E	N	W	W
Y	W	T	T	Y	D	W	X	D

Calf
Colt
Cub
Fawn
Joey
Kid
Lamb
Tadpole
Squab
Yearling

See answer on page 185.

U.S. Facts

Busiest Passenger Airlines

Southwest

American

Delta

United

SkyWest

Spirit

JetBlue

Alaska

Frontier

Allegiant

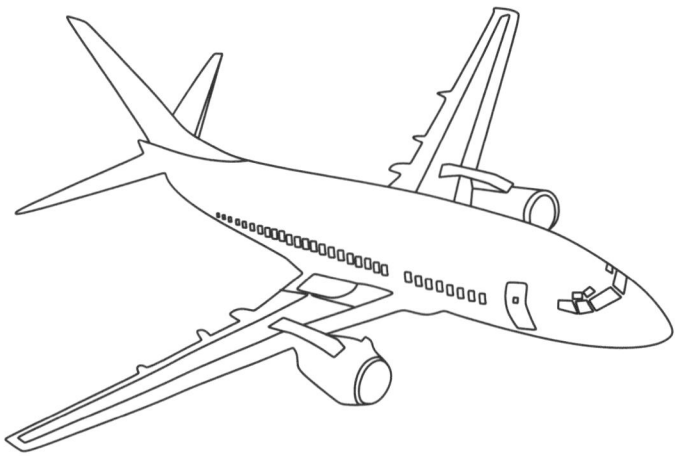

S T N A I G E L L A Z
N O F R O N T I E R L
J A U U Y D E L T A X
E T C T N A K S A L A
T I D I H I E Y Y J L
B R Y M R W T X N M Z
L I X B Y E E E D J M
U P L K R M M S D J J
E S S M D Q D A T R W

See answer on page 185.

Location

Louisiana

R	S	N	O	I	T	A	T	N	A	L	P	M
E	C	A	J	U	N	M	J	Q	T	T	A	Z
T	B	Z	M	B	N	Z	Y	X	X	R	X	Y
R	Y	N	L	M	A	D	R	J	S	E	G	S
A	Y	S	E	G	Z	I	N	H	G	L	N	N
U	B	A	Z	W	L	Q	L	U	N	A	Y	R
Q	J	R	Y	T	O	A	O	O	C	W	T	N
H	T	G	Y	M	N	R	E	I	N	M	Q	X
C	N	I	M	D	N	N	L	L	T	G	T	D
N	Z	D	S	O	B	E	R	E	O	D	A	M
E	Y	R	T	M	P	N	X	K	A	E	V	M
R	V	A	L	L	P	Z	Q	M	V	N	R	Q
F	B	M	J	Y	T	T	R	R	M	R	S	C

Marshlands
Baton Rouge
New Orleans
Magnolia
Pelicans
Mardi Gras
Creole
Cajun
French Quarter
Plantations

See answer on page 185.

Arts and Media

Longest-Running Broadway Shows

T A L O G A C I H C W I C K E D V L
S M R E J X Z W Y B Y R W M J M Y X
A B T E S L L M D M L Z L Z N M L Q
E R L P P M Y D J D B Q G N K G P N
B G D N M O I A C H O R U S L I N E
E N O J D K E S R N J J N R B N M Y
H P H D B T A H E V N N G R Y R W D
T D C Q L P X I T R V D M L D V Y W
D T A J L M K W M F A T N P V X X D
N N L X M J T Z G A O B B R R Z L T
A N C Q Z J N N X J M M L T L D D T
Y D U T C R I D Q Q N M O E L R B Q
T B T A G K Y Y Y M D K A T S N Q M
U K T B N P R J Q R R J G M N Y T K
A S A O R L T G N T N B L J Y A R L
E J I L R K T D R V V N L D Z Y H D
B L B L T N G Z Q Z R T M V N D R P

Phantom of the Opera

Chicago

Lion King

Cats

Wicked

Les Misérables

A Chorus Line

Oh! Calcutta!

Mamma Mia!

Beauty and the Beast

See answer on page 186.

Sports

Recent Super Bowl MVPs

K N J B J Q N M Z Y K T Z N D
S E M O H A M K C I R T A P L
D Z A M A L C O L M S M I T H
R R D A W Y V L S N L J Z B Y
E L E D R R D E N E R J G G T
W M Y L J O L A D D O L N N Z
B R D G L O N E R E Y I J T M
R Q V Q F I N R F B N D L P J
E P N K R A M L O N M N V N R
E R C B I Z A N A D J O N G B
S I P L T C Y M O K G B T B W
N J U N C Q I P Q V G E L B Q
Y J L O Y L T Y T N T N R Z D
N K J M E J W R Y M D B M S L

Tom Brady

Patrick Mahomes

Julian Edelman

Nick Foles

Von Miller

Malcolm Smith

Joe Flacco

Eli Manning

Aaron Rodgers

Drew Brees

See answer on page 186.

World History

Enlightenment

I	T	O	R	E	D	I	D	P	B	L	T	G	L	T	Z	Y
N	D	M	Q	J	Y	D	L	N	M	Y	Q	L	X	L	B	E
H	N	S	Y	Y	Z	Z	X	Z	D	N	Z	R	M	R	R	T
E	N	J	O	Q	B	J	M	D	J	Q	G	R	N	I	M	U
R	T	E	N	C	Y	C	L	O	P	E	D	I	A	Q	E	K
E	M	H	M	R	I	D	V	P	T	M	W	T	K	I	W	K
N	U	S	I	W	P	A	D	L	B	Z	L	B	U	T	Q	Y
T	A	D	I	C	J	T	L	T	W	O	M	Q	J	J	N	T
G	E	N	M	V	S	D	P	C	V	M	S	T	M	W	W	W
O	S	M	O	N	I	B	R	J	O	E	K	T	T	G	J	V
O	S	L	M	S	X	T	L	R	T	N	M	N	T	M	P	R
D	U	T	J	T	A	T	A	N	Y	Y	T	R	M	N	V	Y
N	O	B	D	X	Z	E	O	L	N	L	W	R	D	B	W	R
E	R	P	W	K	D	M	R	M	E	K	M	R	A	M	Z	M
S	T	G	Q	T	L	D	D	B	R	R	Q	J	T	C	M	M
S	X	R	N	L	L	G	X	L	M	K	Z	N	Y	G	T	M

Montesquieu

Voltaire

Rousseau

Encyclopedia

Diderot

Ethics

Relativism

Social Contract

Inherent Goodness

Reason

See answer on page 186.

Business

Leading Businesses—Gas & Electric

C L D O M I N I O N E N E R G Y N L N R
I W A Y G R E N E E K U D B W E K O B N
R J Q N T N X V N D V M Z T X T S N N Y
T W V W O R M Z D L W B Z T M I X R D L
C Y L B V I M L Y Q R W E L D D E J L L
E B X P J Y T M N Q Y R L E T H P L D M
L R B N T Y L A Z R A M D E T N P N X W
E M B Z R T Q Z N E Y E E U M N K L T B
N Y W V P T D K N R T N O T J M R G Z J
A Y D B L Y B E W A E S R V J G D W Z G
C W Y L N T R L D R Y T T V M Y B L B R
I M G T N G L I G L P J N L K Y L Y Q K
R T M K Y G L Y E T K Y T I L N M D Q Z
E G J R T O B B N X Y L R B N Q W P X N
M Z D K S M V K X K E Y L T T O M J T J
A R Q N P G E G N Q L L Y Y J J S G Z J
K J O X Z M M W T M W R O L K R P I Y Y
R C D Z Y Q Z Y N G T R Y N D Q B B D K
V X M Y W T Y G Q P L J D L Y J M N D E

Exelon

Duke Energy

Southern

PG&E

NextEra Energy

Dominion Energy

American Electric

Edison International

Consolidated Edison

DTE Energy

See answer on page 186.

World History

French Revolution

N L B A S T I L L E Z Z R T M M Y
B A C O N V E N T I O N B T A W J
Q R P P R R D Q L J V P W R M T L
R E V O N S J I Q A G K I R E V D
D N V Z L W T D R L V E D N Q B T
J E M X J E D A M E A E N Y T G K
R G L Y D M O B R N C I N P N Y V
Y S T L N Q J N T C S T V D Z Y Q
N E Y Q T Y K O B C O Y O L E Y T
L T R X Y W I T O O Z T O R M E G
Z A J Y T N N U G L N U S V Y B W
T T Z D E V R P T T I A B I Y T M
Y S M T T T X J M S Y X P M R Y G
M E T T O V D L Y D M P Z A W A L
Q E Z A G R Y B D W R Q K P R P D
P X T B N Y L R N L T Q R Y Z T Y
W H Z Y N T D D T B T Y L K Z Z E

Bastille

Aristocrats

Louis

Marie Antoinette

La Vendée

Estates-General

Convention

Napoleon Bonaparte

Directory

Tennis Court Oath

See answer on page 187.

Arts and Media

Early Christian Art and Design

E L Z Q L D N D X N B Q D R R
S R E G N I S E N N I M O Q G
P V U G R X G Q Y R K U G N L
S O T T T O Y O B P N Z I D Q
S L I L P V M J T D Y T T S G
A N L N Q L B A E H L L R N R
L J R Q T B U D N U I U R S L
G N M P R E A C A E O C A M P
D P M P V R D V S D S C B N X
E L N Z C M B A A F I Q Q G B
N R M H L I B B R L E B U D R
I G E R R L U X I C D I N E N
A S W M L O T S Y X H B L Y D
T J X P R B A R T Z G E G E B
S N N T D B B Q W P N D S X R

Romanesque
Rounded Arches
Basilicas
Troubadours
Minnesingers
Gothic
Rib Vaulting
Pointed Arches
Stained Glass
Relief Sculpture

See answer on page 187.

World Facts

Nations Beginning With C

C	Y	P	R	U	S	W	L	R	B	J
C	O	T	E	D	I	V	O	I	R	E
E	D	L	Y	Y	C	Y	C	V	C	R
C	D	D	C	U	W	A	Y	O	B	Y
A	W	R	B	A	M	J	S	J	C	G
N	V	A	E	B	M	T	B	H	Y	A
A	J	D	O	V	A	E	I	Y	N	J
D	D	D	L	R	O	L	R	I	N	J
A	I	X	I	L	E	B	H	O	V	L
A	X	C	T	W	R	C	A	R	O	M
W	A	L	Z	L	D	G	V	C	Q	N

Cabo Verde
Cambodia
Cameroon
Canada
Chile
Costa Rica
Côte d'Ivoire
Cyprus
Cuba
China

See answer on page 187.

Science and Technology

Laws of Physics

P	R	S	W	J	Q	N	P	M	W	R	P	T	N	W	R
A	S	P	P	T	Y	V	M	A	M	P	Y	B	Z	L	M
U	L	C	N	E	Q	T	R	C	X	J	N	L	N	W	D
L	T	L	I	D	E	J	I	H	X	R	Z	O	N	N	Z
I	K	L	N	M	B	D	P	V	D	D	I	L	R	P	N
S	L	G	I	M	A	N	O	V	A	T	Q	J	T	A	L
E	W	D	Y	N	Z	N	B	F	A	R	F	B	I	Y	M
X	B	B	Q	L	T	Z	Y	V	S	R	G	T	J	L	M
C	Y	T	J	B	V	E	R	D	E	O	R	R	W	N	W
L	Q	Y	T	L	Y	E	N	Q	O	E	U	T	G	A	L
U	D	Y	B	Z	S	B	U	S	N	M	J	N	L	G	R
S	N	B	B	N	L	E	T	I	I	D	R	S	D	N	M
I	Z	V	O	R	N	Y	V	R	L	T	M	E	R	Q	K
O	M	C	V	C	L	V	D	R	Z	H	Y	Q	H	B	J
N	Q	L	Y	L	D	M	X	T	O	R	J	T	D	T	B

Gravity
Inertia
Conservation
Thermodynamics
Ohm's Law
Pauli's Exclusion
Mach
Frequency
Intensity
Speed of Sound

See answer on page 187.

World Facts

Nations Beginning With M

O	S	B	Q	M	D	Y	L	D	G	P	L	M	T	D	N
R	Q	D	A	A	B	K	T	M	R	D	Y	Q	R	G	N
G	L	L	N	L	T	Q	A	A	J	R	R	B	X	M	J
E	I	M	W	A	N	E	C	I	Q	P	P	D	Z	W	Y
N	N	K	Z	W	L	S	U	D	L	T	R	N	K	V	N
E	M	N	R	I	A	S	D	Q	D	O	M	B	O	B	G
T	P	Z	R	G	D	P	I	G	I	K	G	C	Y	Z	N
N	Y	O	A	M	M	Y	Y	L	R	B	A	N	M	J	G
O	G	D	C	G	A	P	Y	M	L	N	M	N	O	Z	B
M	A	D	L	I	M	L	G	K	O	A	J	A	G	M	B
M	Q	X	J	V	X	G	D	M	N	R	H	T	Z	B	M
W	R	V	B	M	W	E	T	I	M	X	W	S	Z	O	B
Y	N	M	D	R	P	T	M	L	V	W	T	N	R	Q	M
Y	X	D	G	M	D	Z	J	Z	T	E	D	M	P	A	D
R	P	L	L	X	Y	P	N	Z	T	D	S	L	K	N	M

Madagascar
Malawi
Maldives
Mali
Marshall Islands
Mexico
Monaco
Mongolia
Montenegro
Mozambique

See answer on page 188.

Animals

Long Lifespans

Elephant

Hippopotamus

Bear

Baboon

Chimpanzee

Gorilla

Horse

White Rhinoceros

Tiger

Zebra

S O R E C O N I H R E T I H W
S T E J G N X O L E N T Z Y K
T U T L D M R P Z J X R N J Q
D T M M E S R N R Y Z O M B L
A I X A E P A T M G O Z Y V T
L G Z T T P H D Z B V K T M T
L E Q D M O D A A N J B X Z T
I R W I L X P B N R R R M R L
R B H L Z J D O Y T B R L N T
O C Z T W Y D D P T Q E L X Q
G Z M D W N V Y R P Y B Z X R
D W X K P N Q L Q A I P G M J
M P K L T J M D Y Q E H N V K
M W J D L T P T P D Z B D W G

See answer on page 188.

U.S. Facts

U.S. Representatives to the U.N.

D	L	E	I	F	N	E	E	R	G	S	A	M	O	H	T
N	C	O	H	E	N	H	B	V	M	J	Z	D	W	Z	N
O	W	D	V	N	P	Z	A	D	L	Y	R	T	X	K	Q
T	O	Q	J	Y	X	R	A	L	L	Y	J	J	V	Q	T
L	L	W	T	C	Q	Z	X	J	E	V	Y	R	M	M	L
O	F	R	R	L	L	N	X	K	T	Y	P	B	Y	D	T
B	F	A	E	I	N	O	S	R	E	T	T	A	P	J	J
Y	F	R	L	W	W	Q	J	P	R	D	J	R	L	L	D
T	R	A	Y	J	O	L	J	N	Q	L	X	Y	G	Y	V
G	H	R	B	D	J	P	V	Y	D	N	J	Q	G	R	T
K	K	M	I	D	B	V	Q	J	Y	X	N	W	Q	R	R
N	X	R	M	C	G	R	Y	N	B	L	L	R	T	Y	R
L	R	Y	Z	P	E	P	P	P	M	X	L	L	R	B	Y

Craft
Cohen
Haley
Power
Rice
Khalilzad
Wolff
Bolton
Patterson
Thomas-Greenfield

See answer on page 188.

Location

NYC Landmarks

L A N I M R E T L A R T N E C D N A R G
E M P I R E S T A T E B U I L D I N G J
G M W X D R R Q W K M J Y R D D T D G W
Y N E K R A P L A R T N E C D R X V L Y
B T W T D V M M P W B L C T A G D J Z M
R K R K R R T Q W D Y O Y N T D P Q R Q
O N Y E L O Z T B M N Q R T T V B W E Y
O K G P B N P W L E Y E X E D N B N L T
K N R Y T I Y O Y L D B R J N J I N P J
L Q T Y D G L I L O Q A Q Z N L X R Q M
Y Y L J J D S F M I U J L Q H R W Z N J
N N Y T P L J F O Q T Y L G B X R Y P Y
B D N Z A Z O J S E R A I L R Q D Y P L
R B Y N P M Z S T G U H N N V R M Y J L
I K D B U L E Z K J E T G K M Z X N L R
D P W E D M W Z D H L T A D R J Y J X T
G M S D I D X R T L N Z M T M T M R L Y
E U D T T Q N P Q L T Q Q M S B R D Y M
M Z B R Y Y V G T J P V T T P Y M G G L

Central Park

Metropolitan Museum of Modern Art

Statue of Liberty

Empire State Building

Times Square

Brooklyn Bridge

Grand Central Terminal

Coney Island

The High Line

See answer on page 188.

U.S. History

The Bill of Rights

V S J Z R Z R Q B D Q Q J J D T R L N
S X T K Q N L N T T D J R M G J X X P
E Q T H B X Y L K Z J B T W S L Z N L
A M U V G R R R M X D N G T M W D S M
R T L A R I G H T S O F A C C U S E D
C H N D R P R K Y T W T Z T S E J B J
H C L E R T N D T M E M R M C R J N D
A E D N M M E L E S Q I R O B J T N M
N E Y L G H Y R R T A A R D B R Y B Y
D P D P G Z S I I L A P K D P V N M Y
S S X J N N G I B N E R V N X R J B T
E Z L D Z H W Y N U G G E Z T Y J K M
I Q D T T L J D D U X M Q M N B V B J
Z L J S P U N T Q K P Q M T U Y N K L
E D P L R Q M K K M X R R Q R N J Z W
Y L N Y D J R J M D J Y I Y V D E Y K
Q Q G D B M B W X J J J K A M Z Z N T
Q G L N T G T T Y L R T R Y F V T J U

Speech

Arms

Quartering

Search and Seize

Due Process

Rights of Accused

Trial by Jury

Fair Punishment

Unenumerated Rights

States' Rights

See answer on page 189.

Sports

PGA Prize Winners

J	O	R	D	A	N	S	P	I	E	T	H	D	D
T	R	S	A	M	O	H	T	N	I	T	S	U	J
Z	I	A	R	R	Y	R	M	N	X	L	S	D	L
R	Y	G	K	T	A	H	R	W	B	T	Q	Q	T
H	D	O	E	P	A	H	L	T	I	Q	D	K	N
L	G	X	R	R	E	J	C	N	D	L	B	G	Q
T	V	N	N	L	W	O	J	U	A	D	Y	Z	K
J	Y	O	I	K	I	O	K	N	K	Q	R	M	G
L	J	N	R	S	H	C	O	S	P	T	D	Q	R
R	L	D	N	N	Y	D	M	D	K	P	T	M	P
M	T	D	S	M	E	A	R	Y	S	O	L	A	M
P	V	O	L	K	J	N	J	N	R	Z	O	W	M
X	N	N	U	D	D	W	Y	I	N	O	M	R	M
Y	Y	L	T	N	K	D	B	T	V	N	R	Y	B

Rory McIlroy
Tiger Woods
Jordan Spieth
Justin Thomas
Dustin Johnson
Jon Rahm
Brooks Koepka
Luke Donald
Matt Kuchar
Vijay Singh

See answer on page 189.

World History

Romanticism

W	I	L	L	I	A	M	W	O	R	D	S	W	O	R	T	H
L	Y	T	M	E	O	G	U	H	R	O	T	C	I	V	V	P
U	M	L	V	T	K	M	Q	N	T	Y	L	J	Y	R	N	D
D	S	T	U	R	M	A	N	D	D	R	A	N	G	T	E	W
W	N	C	R	T	Y	J	L	G	B	G	D	V	J	O	X	R
I	Y	A	I	T	B	P	Z	B	M	Q	G	J	P	K	Z	Z
G	X	L	T	H	Z	V	M	Q	M	L	K	N	X	K	N	V
B	T	M	R	U	T	M	N	Y	Q	A	E	X	T	L	B	Y
E	K	K	T	X	R	O	J	B	P	L	I	D	Q	E	K	D
E	M	R	Q	L	T	A	G	D	L	N	G	L	L	W	Y	W
T	Q	T	P	N	Z	K	L	A	R	O	T	I	L	D	Y	L
H	D	X	W	J	Y	R	R	I	E	N	M	K	T	I	Y	Y
O	Q	K	J	Q	Q	A	Y	T	S	E	M	N	Q	L	W	K
V	Z	J	Y	T	G	L	H	X	B	M	W	L	Y	V	R	Y
E	J	B	B	D	V	E	T	B	G	M	T	W	G	N	G	W
N	M	Y	E	G	B	D	Y	D	R	V	L	N	B	D	N	P

Émile

Naturalism

Sturm and Drang

Goethe

Gothic

William Blake

William Wordsworth

Victor Hugo

Edgar Allen Poe

Ludwig Beethoven

See answer on page 189.

Business

Top U.S. Franchises

S B U S S E K I M Y E S R E J
E S D D B U Y R K T P M W Y T
Y S P N P N K L B I C P N Y M
E E M S Q K D N L D V W V Q T
P N B V D W P C O W G Q T B Y
O T S K T L T N D D M Q G J D
P I T R Y A A Z Y U N G D D L
Q F J T E L C M D K N K K B L
M T Q R D V N O W Z M K R J T
J E G S W O L M B B L T I N M
J N J R M M L U B E R M N N T
Y A V U R N T P C M L K Z Y D
N L K R T M V B J J L L M X G
B P B G Y R R L G L B Q G T K

Taco Bell
Dunkin'
UPS
Popeyes
Culver's
Kumon
Jersey Mike's Subs
Planet Fitness
McDonald's
Great Clips

See answer on page 189.

World History

Fin-de-siècle

E N A T U R A L I S M D P N K M M T T
C H X T L J Z Y Q B M D S M J X Z K T
I T C G D J W L W L X I Q Z Y Y M S Y
F T X S Z G G G Y J G Y O D V S I D T
I M Q T Z D T D K M R S Q E I N G W N
T H Z X L T R V U R C Q N T O D T W L
N J E V B T E N Y A D N I I T P V W Y
E Q Z N L K D I R P A L S K G L L D Y
I D T G R F V W N Z E S M S I L A E R
C D N Y R I I T E H E P R R T R G T R
S X X E N L K C P R C P R V Z D N J T
I M U D D Y N I P J M I M Y M N J B Q
S D M E L K J M B B X B R R N W Y Y L
A T D Y M J I B Q S Q W K D L J M J P
U Y B D M T K G L L E Z Y N E Y Y M M
Q V M N S L L K V D N N Z T B I T N Q
J J W O N M J M R Z G B J Y L R R D V
L J P Y R Z W K J J D R P M K W J F L

Naturalism

Sigmund Freud

Henrik Ibsen

Oscar Wilde

Friedrich Nietzsche

Cézanne

Postimpressionist

Elitism

Quasi-Scientific

Realism

See answer on page 190.

Arts and Media

New English Words

T	E	L	E	H	E	A	L	T	H	D	Z
O	T	H	P	G	J	Y	Z	L	T	G	V
O	O	A	A	V	D	E	Z	E	E	T	D
B	T	T	M	C	R	Y	T	O	Q	T	L
L	A	D	W	O	K	I	T	M	L	D	N
E	K	Y	D	S	R	A	E	G	G	Y	H
C	U	A	E	I	G	P	T	D	M	N	L
K	Y	U	M	Y	T	N	M	H	J	Z	Y
Z	L	A	Y	B	D	B	V	O	O	K	L
B	Y	P	X	Q	W	Q	J	B	K	N	D

Hygge
Kompromat
Oobleck
Otaku
Telehealth
Zero-Day
Blue Sky
Hackathon
Geotag
Amirite

See answer on page 190.

World Facts

Nations Beginning With T

O	G	A	B	O	T	D	N	A	D	A	D	I	N	I	R	T
A	N	L	R	M	O	P	T	G	Y	N	X	J	Z	Z	N	J
I	R	A	R	Y	N	W	U	J	Z	W	R	T	M	N	J	R
N	G	D	T	V	G	X	R	R	M	T	U	N	I	S	I	A
A	D	T	P	S	A	Z	K	Q	B	D	A	P	M	P	G	D
Z	P	L	H	R	I	Z	E	Y	L	T	Q	T	M	X	D	V
N	Q	M	B	A	T	N	Y	L	S	T	U	T	R	K	B	T
A	G	L	X	O	I	R	E	I	T	V	L	D	B	Q	M	G
T	L	T	G	Y	R	L	K	M	A	K	M	Q	P	J	G	D
L	M	O	R	G	W	I	A	L	K	N	Q	X	D	Z	B	Q
W	N	Q	T	D	J	M	U	N	G	R	K	G	G	B	Y	V
Y	J	L	T	A	N	Y	W	L	D	Y	U	Y	R	P	Q	R
R	T	M	T	D	Q	J	V	Y	N	J	X	T	N	G	Y	D

Tajikistan
Tanzania
Thailand
Togo
Tonga
Trinidad and Tobago
Tunisia
Turkey
Turkmenistan
Tuvalu

See answer on page 190.

Science and Technology

Geologic Eras

S	U	O	R	E	F	I	N	O	B	R	A	C
C	L	P	Z	N	B	B	N	D	S	T	M	Q
I	P	D	A	P	A	A	Y	U	R	A	L	T
O	D	A	K	L	I	I	O	K	R	L	C	W
Z	C	Y	L	R	E	E	N	C	T	I	Y	K
O	W	I	B	E	C	O	H	O	O	Y	T	J
N	K	M	S	A	O	E	Z	Z	V	G	G	R
E	A	N	T	S	A	G	O	O	T	E	R	P
C	G	E	T	N	A	S	E	J	I	W	D	Y
Y	R	Q	E	P	E	R	L	N	K	C	M	Q
C	M	O	T	M	M	R	U	W	E	M	Y	Y
L	N	M	D	V	T	M	L	J	Q	M	D	D

Paleozoic
Cenozoic
Mesozoic
Jurassic
Paleogene
Devonian
Cambrian
Archean Eon
Cretaceous
Carboniferous

See answer on page 190.

World Facts

Country Capitals

A	S	N	E	H	T	A	D	L	N
B	D	Z	N	Y	A	D	G	E	Z
R	A	D	J	P	Y	I	G	H	B
U	N	H	I	T	D	A	A	E	Z
S	N	A	N	S	H	V	I	R	T
S	E	K	R	N	A	J	N	U	P
E	I	A	E	N	I	B	R	K	L
L	V	P	A	N	M	I	A	R	Q
S	O	Q	G	D	E	J	D	B	T
C	L	Y	Z	B	J	M	N	Z	A

Vienna
Dhaka
Brussels
Praia
Beijing
Havana
Copenhagen
Addis Ababa
Athens
Beirut

See answer on page 191.

U.S. Facts

Popular Travel Destinations for Americans

C	I	L	B	U	P	E	R	N	A	C	I	N	I	M	O	D
U	Y	M	E	X	I	C	O	D	T	S	Y	J	J	M	G	M
N	N	N	Y	L	Q	N	A	Y	P	T	G	Z	L	Q	Y	L
I	A	Z	E	M	M	N	N	A	Z	W	W	Q	Q	R	J	B
T	M	Y	M	T	A	N	I	J	N	N	X	V	G	R	D	P
E	R	G	R	C	H	N	D	G	M	J	R	R	B	N	Y	P
D	E	G	Y	T	J	E	N	V	Z	W	D	N	V	B	M	D
K	G	K	V	V	R	D	R	R	Y	Y	G	Q	B	J	B	W
I	L	T	Z	V	D	N	A	L	E	R	I	M	M	Y	L	K
N	F	R	A	N	C	E	X	T	A	D	Z	I	V	M	G	J
G	B	B	M	Y	B	T	T	R	W	N	T	J	X	G	M	T
D	D	J	T	Z	Y	D	Y	V	N	A	D	Z	Y	L	D	T
O	V	N	D	Q	D	L	J	D	L	Y	D	S	N	X	L	V
M	L	X	Q	L	V	M	X	Y	T	T	M	K	Y	M	P	T

Mexico
Canada
United Kingdom
France
Italy
Germany
Spain
Ireland
Netherlands
Dominican Republic

See answer on page 191.

Animals

Kentucky Derby-Winning Horses

E A C I T N E H T U A Q M D W N
G M I L L H A V E A N O T H E R
N E O Y Q G G G M B J P L L T N
I R A R C P M N R B D J K S J N
M I T N H O J Y T B U R I N B T
A C P J I C U V Q S G U T J K G
E A T Z R M A N T N Q B B T R T
R N J N M L A I T Y Q B T X B B
D P Y Y D D F L N R J M R G M T
S H L D L Y D Z K R Y Z W Q Q K
Y A M G M N B K J I O H L K J J
A R N Q B L B K M N N F O K Y V
W O X R D L T K D Y B G I U N Y
L A O D W G J R L T B N D L S T
A H N K D B P T M N D B P O A E
R G P T L Z R J V Z Q G Y L M C

Authentic
Country House
Justify
Always Dreaming
Nyquist
American Pharoah
California Chrome
Orb
I'll Have Another
Animal Kingdom

See answer on page 191.

World History

Mid-19th Century Humanities

P	I	E	R	R	E	A	U	G	U	S	T	E	R	E	N	O	I	R
O	S	I	N	T	R	M	T	V	T	Z	P	Z	L	D	N	J	D	L
R	N	J	M	R	O	Z	M	N	Y	R	L	Q	D	D	Z	Y	B	T
R	E	N	C	P	R	I	A	N	I	E	L	P	N	E	X	M	L	W
A	K	P	D	L	R	J	L	J	R	N	P	V	Y	T	M	B	T	J
S	C	A	Q	L	A	E	T	E	M	S	I	L	A	E	R	M	Q	K
S	I	R	Z	T	Y	U	S	M	S	N	V	N	B	J	J	Q	Q	T
I	D	I	D	B	P	Y	D	S	T	T	V	N	R	W	B	R	P	Z
P	S	S	N	D	K	K	O	E	I	B	L	L	Q	Z	T	T	M	L
E	E	O	B	M	M	L	B	T	M	O	V	B	D	Y	L	Y	R	N
L	L	P	P	B	R	N	K	B	S	O	N	Z	N	D	D	L	G	T
L	R	E	X	T	L	B	L	T	V	L	N	I	X	Q	T	J	L	Z
I	A	R	Q	R	L	G	N	T	Y	L	O	E	S	M	G	Y	Z	K
M	H	A	Y	Z	J	B	D	K	M	G	D	T	T	M	L	K	T	N
A	C	R	M	Z	T	R	B	M	N	W	R	T	O	J	N	B	K	M
C	Z	L	D	Q	P	R	B	X	L	L	X	Y	L	E	J	R	X	X
T	L	Y	D	Z	D	Q	Y	R	R	L	N	T	Y	R	L	V	L	D

Paris Opera

Realism

En Plein Air

Impressionism

Claude Monet

Camille Pissarro

Pierre-Auguste Renoir

Charles Dickens

Leo Tolstoy

T.S. Eliot

See answer on page 191.

Location

Wyoming

Bighorn

Great Divide

Great Plains

Rocky Mountains

Jackson Hole

Cheyenne

Yellowstone

Grand Teton

Oregon Trail

Buffalo Bill

R Q Z B V Z B Z J N P S R N
J O P N V R M D D Q N J P W
A P C G R E A T D I V I D E
C B X K G O B W A L Y W O T
K L U R Y T H L P E J R Y N
S X J F P M P G L Q E W O L
O L P Y F T O L I G R T X E
N K Z M A A O U O B E G N Q
H J M E T W L N N T R N K G
O P R L S R T O D T E G L N
L G P T M R G N B Y A R X V
E L O W A B A R E I L I V N
N N D I J R N H Y G L Z N T
E Z L M G Z C R X T W L K S

See answer on page 192.

Business

World's Largest Vehicle Companies

N	D	O	N	G	F	E	N	G	M	O	T	O	R
S	R	O	T	O	M	L	A	R	E	N	E	G	D
T	D	Y	V	Z	R	N	D	Y	J	B	V	A	J
O	D	W	W	O	M	K	D	L	Y	D	I	K	D
Y	P	I	J	Y	L	B	N	V	J	M	Y	T	L
O	G	B	H	Q	G	K	K	A	L	M	I	R	W
T	Z	W	L	S	Z	K	S	E	D	A	R	M	J
A	P	M	G	M	I	B	R	W	D	N	B	Q	M
T	R	Z	V	B	M	B	R	N	A	R	O	T	R
G	J	B	B	G	Z	P	U	G	L	G	L	H	P
D	J	V	B	Y	P	Y	L	S	N	D	E	G	B
R	D	B	L	X	H	R	Y	Z	T	J	Z	N	K
O	N	T	N	Y	G	R	R	R	Z	I	M	D	J
F	P	G	B	G	N	L	J	T	M	R	M	V	R

BMW
Ford
General Motors
Honda
Hyundai
Volkswagen
Toyota
Mitsubishi
Daimler
Dongfeng Motor

See answer on page 192.

World History

1900–1910

T R A N S A T L A N T I C R A D I O
S U A E V U O N T R A B P Q R J L Y
M R Y M N W N B M U R H P J V D D Y
M O E Q M L R Z T R O D Z R M V N D
Z J T H M M M O L N Z Q I Q Q N B L
L N D I T Z M K O Y N A Q K M J P N
D N B J O O M G K Z L P I C A S S O
Z R G W B N R G W C L J R A R P Q B
J G M I T A P B N Y D L I G J Y J Y
M V L B P X B I T L N N T Y L L B Q
M E X H T D S Q C H A W R W Y K Q W
S V S Y D S V Z J T G D T G D G M Q
I Z W N I R M L I K U I T D J N Z B
B M P U Z R R S G R X R R D X B G K
U R O T T X U Q W M J Z E W Y B D M
C L B L N L T L Z J N L Y N J B T T

Automobiles

Wright Brothers

Lusitania

Transatlantic Radio

Phonographs

Motion Picture

Cubism

Louis Sinclair

Picasso

Art Nouveau

See answer on page 192.

Arts and Media

1920s Literature

Y	S	I	W	E	L	R	I	A	L	C	N	I	S	Z	D	Z	X
D	R	T	H	E	S	U	N	A	L	S	O	R	I	S	E	S	M
L	W	U	E	J	Y	T	B	J	M	K	P	M	P	T	Q	X	Q
A	T	T	F	R	V	D	Z	N	V	M	T	Y	D	W	R	M	G
R	H	E	D	E	N	M	D	P	J	Q	R	L	R	E	T	Z	T
E	E	E	B	Q	H	E	X	R	J	P	Q	B	N	H	K	X	B
G	W	R	Y	Y	X	T	S	N	N	T	K	K	E	J	P	V	N
Z	A	T	D	G	D	V	D	T	M	W	L	G	W	N	Y	N	M
T	S	S	R	Y	B	J	B	N	H	U	R	J	N	B	B	Q	L
I	T	N	J	M	X	T	Z	L	A	E	B	L	B	R	T	X	B
F	E	I	T	M	P	T	T	F	A	D	M	L	Y	D	P	D	M
T	L	A	M	P	N	S	M	T	W	L	N	I	L	T	M	D	M
T	A	M	T	Y	E	A	G	N	Z	T	T	U	N	T	R	T	Y
O	N	R	W	L	I	A	M	N	P	Z	T	Y	O	G	R	Z	N
C	D	X	I	L	T	M	G	K	T	N	L	D	W	S	W	T	L
S	L	O	L	S	Z	G	L	T	M	T	T	N	W	M	E	A	X
F	T	I	B	N	R	X	G	B	M	N	D	G	V	N	N	H	Y
L	W	Y	M	R	T	M	Y	M	T	Y	Q	V	M	Y	X	J	T

Main Street

Sinclair Lewis

The Great Gatsby

F. Scott Fitzgerald

The Waste Land

T.S. Eliot

The Sun Also Rises

Ernest Hemingway

The Sound and the Fury

William Faulkner

See answer on page 192.

World Facts

Nuclear Powers

N	I	N	D	I	A	I	F	T	S
Y	O	J	A	V	M	R	V	U	G
Q	L	R	W	T	A	A	X	Z	N
L	R	W	T	N	S	N	B	U	W
L	B	U	C	H	N	I	K	B	Q
A	E	E	S	T	K	N	K	Q	M
N	P	A	B	S	P	O	N	A	Z
I	R	D	R	N	I	N	R	P	P
H	D	T	D	S	J	A	R	E	D
C	K	G	Q	J	I	R	J	J	A

U.S.
UK
France
China
India
Pakistan
Russia
North Korea
Israel
Iran

See answer on page 193.

World History

A-List Historical Greeks

S	V	R	A	P	Y	Q	X	N	B	S	Z
E	Y	A	B	R	Y	D	O	P	A	X	N
N	S	V	P	Z	I	E	N	R	W	S	G
A	G	E	L	O	R	S	O	Q	U	M	A
H	N	K	D	C	L	G	T	L	V	T	J
P	X	O	A	E	A	L	Y	O	H	B	P
O	M	N	H	X	M	H	O	E	T	O	B
T	A	L	A	P	C	I	N	N	S	L	L
S	G	N	K	S	I	A	H	E	I	D	E
I	A	Z	E	K	E	T	A	C	Z	U	N
R	T	A	M	U	J	N	N	Y	R	P	S
A	V	W	S	R	Y	T	L	A	M	A	T

Aeschylus
Aesop
Anacreon
Anaxagoras
Antiphon
Apollonius
Archimedes
Aristophanes
Aristotle
Athenaeus

See answer on page 193.

World Facts

Busiest Airports Outside North America

T U X I A N X I A N Y A N G R R C
S L I Z T J R D R Y Q W N M J H Z
K H B L Z O P G K T Q Y R V O K G
L N A N G R K Z Y R R X Z N Z U N
L A R N B N P Y R Y R N G J A W N
Z B T W G M A R O T L Q Z N B A B
M R P I T H Y U Z H I M G N O G N
K V Z T P P A N H N A Z P A Y J P
B N X B J A D I G S H N B L D L D
M V G T M M C J H O U N E M D T L
P Y D N Q N I G U O E D T D D M B
Q R M N I A Y B N H N T G T A V L
W B L Y N M A Y Z I L G R N M Z X
L J V G R I N N B N J J Q W E M D
N T B R Y B E U M V P I Y I T H Y
D E N U Q H Q B K X V K E N A G C
I D N Y S J N N Y K M X Z B W O Q

Guangzhou Baiyun

Chengdu Shuangliu

Shenzhen Bao'an

Chongqing Jiangbei

Beijing Capital

Kunming

Shanghai Hongqiao

Xi'an-Xianyang

Tokyo Haneda

See answer on page 193.

U.S. Facts

Most Populated U.S. Cities

S	E	L	E	G	N	A	S	O	L	Y	P
O	I	N	O	T	N	A	N	A	S	H	J
N	Y	X	Q	G	L	O	K	Z	I	R	Y
T	C	G	I	B	E	R	T	L	T	L	Z
E	Z	H	V	N	O	I	A	S	B	P	T
V	S	T	I	Y	E	D	D	S	U	M	M
D	L	O	W	C	E	O	A	N	D	O	Q
P	N	E	J	L	A	L	H	J	A	Z	H
M	N	T	P	N	L	G	X	P	D	S	G
W	W	H	Y	A	A	Y	O	L	B	Y	Y
D	I	Y	D	N	L	S	P	N	B	J	B
A	V	M	G	T	D	V	N	R	W	T	J

New York
Los Angeles
Chicago
Houston
Phoenix
Philadelphia
San Antonio
San Diego
Dallas
San Jose

See answer on page 193.

World History

Historical Greeks and Romans—P

S	H	C	R	A	T	U	L	P	Y	M
P	E	O	T	A	L	P	D	P	T	S
R	W	D	V	P	G	Y	O	P	A	K
A	P	W	I	L	H	L	N	R	T	P
X	M	E	T	N	Y	I	O	I	E	T
I	Y	D	R	B	E	G	D	R	L	V
T	J	L	I	S	A	M	I	I	P	P
E	L	U	L	H	I	C	R	M	A	G
L	S	Q	T	X	L	U	K	A	J	S
E	K	Y	B	E	L	K	S	Z	P	G
S	P	Y	S	Q	Q	R	M	T	K	X

Parmenides
Pericles
Phidias
Persius
Plato
Pliny
Plutarch
Polybius
Praxiteles
Pythagoras

See answer on page 194.

World Facts

Busiest North American Airports

D A L L A S F T W O R T H B Z S N
L L A T N A L T A R Q P T Y A B R
O R A Y Y Y M N L E X J D L M O Z
S R J S K Y M L W V T V G G B L X
A R E M V M M R M N P U Z R Z J Y
N G T R T E D E O E O T A R M Z Z
G K L M A J G R X D R H N P M J Q
E T X M N H L A E I Y G G R L P N
L D Y J D A O T S K C B J M N N V
E Z W J N M T O S M R O T N Y G T
S T D D M O D X G L C M C M W K D
D K O R L J I L Z A D C T I J Q J
M T D R M N D B M D C V A Z T P Y
K K A V E N W T L N Q I W R T Y P
B H V O T D Y N P K D M H Y R J Y
C K H Y R Q B R Q L M Q X C M A N
V P P X Z M Z L K J X L P V M N N

Atlanta

Dallas Ft. Worth

Denver

Chicago O'Hare

Los Angeles

Charlotte Douglas

Las Vegas McCarran

Mexico City

Phoenix Sky Harbor

Orlando

See answer on page 194.

Science and Technology

Chemistry

C	R	M	Y	M	E	J	G	P	T	L	T	D	Y	T	M	K	G
L	H	E	Q	D	Z	L	N	N	B	V	R	V	S	R	N	R	Y
L	M	L	B	M	J	G	E	G	P	V	Z	E	T	Y	D	S	B
Y	Z	N	O	I	G	K	G	M	J	L	S	R	Y	R	I	J	Y
J	D	Q	B	R	F	N	V	X	E	A	W	D	D	S	N	T	D
P	Y	M	Q	X	O	N	L	G	G	N	D	X	O	M	P	K	T
N	Y	L	D	N	R	F	O	E	J	R	T	M	W	G	P	Y	J
W	J	B	X	K	P	P	L	B	P	J	S	V	M	B	Z	L	J
R	K	V	Y	Y	O	B	M	U	R	O	J	G	D	D	B	Y	X
W	R	G	Z	L	O	E	D	O	O	A	R	J	V	T	M	B	Q
P	N	T	Y	N	Y	Z	P	L	L	R	C	L	L	G	A	K	D
Y	Y	M	A	N	V	M	V	O	P	E	O	T	T	S	D	T	T
Z	E	D	M	C	J	T	W	V	T	T	C	C	E	L	N	V	G
R	J	G	R	M	I	P	B	Z	J	O	J	U	A	B	L	T	L
Z	Y	N	Q	T	W	D	J	V	Y	L	S	R	L	R	G	R	L
R	T	Y	J	J	W	Q	G	D	Y	W	M	I	N	E	B	K	L
N	X	N	N	Y	L	W	R	G	Q	R	T	Q	B	N	J	O	P
R	M	L	J	T	B	Z	D	R	L	Y	B	J	N	R	B	V	N

Acid
Base
Carbon Fiber
Chlorofluorocarbon
Element
Isotope
Molecule
Noble Gases
Osmosis
Polymer

See answer on page 194.

World History

Notable Roman Emperors

Augustus

Tiberius

Claudius

Nero

Titus

Trajan

Marcus Aurelius

Quintillus

Aurelian

Constantine

S U I L E R U A S U C R A M
D E N A J A R T J V Q T J J
W A N M U M S V K U J S J T
N U C I Y R K U I V U M N V
N G L V T Y E N T I N E R O
W U A D D N T L R I M P M R
Y S U T M I A E I R T L X Q
D T D T L L B T P A D M R L
M U I L B I G N S R N D W R
V S U M T T Q J X N T J R B
K S S M R R D B N Z O T V N
D L W M Z N D Q B Y N C G Y

See answer on page 194.

World Facts

Hinduism

A	V	E	D	A	S	J	I	Z
R	H	I	L	O	H	L	T	Q
A	P	T	M	I	A	U	A	M
K	U	D	R	W	N	M	N	B
S	R	R	I	I	R	D	H	W
N	A	D	T	A	B	A	I	L
A	N	Y	H	V	K	E	V	A
S	A	D	Q	T	R	N	R	M
R	S	L	I	D	J	P	Y	Y

Dharma
Vedas
Sanskara
Bhakti

Unity
Rebirth
Puranas
Diwali

Holi
India

See answer on page 195.

Business

World's Largest Tech Companies

M	Y	T	Y	B	L	Y	N	Z	S
I	N	Y	S	R	O	O	R	A	D
C	O	I	N	A	Z	S	M	J	Y
R	S	Y	H	I	C	S	C	D	J
O	K	A	R	C	U	M	Z	H	N
S	L	E	P	N	A	A	O	X	Z
O	V	L	G	P	N	T	D	C	V
F	Q	D	E	J	L	T	I	V	K
T	Z	Y	D	D	M	E	M	H	B

Apple
AT&T
Dell
Verizon
Samsung
Sony
Microsoft
Comcast
Hitachi
Bosch

See answer on page 195.

World History

Royal Family Lines

W	I	N	D	S	O	R	N	B	V	D	Y	B
R	Y	D	Q	L	D	M	L	Y	Y	R	Y	Y
O	P	B	A	P	L	M	R	D	X	D	R	Q
D	R	L	M	N	T	B	W	J	N	L	J	Q
U	L	P	A	R	E	T	S	A	C	N	A	L
T	R	B	D	N	J	S	M	T	H	M	S	Y
B	R	M	M	Z	T	R	B	A	R	N	O	M
P	Z	A	K	J	O	A	N	Y	O	R	M	D
B	M	J	U	N	N	O	G	X	K	Q	R	M
V	D	K	Y	T	V	N	A	E	T	T	D	X
N	R	G	L	E	S	S	T	T	N	Y	P	N
T	T	T	R	R	R	Y	P	T	K	E	Y	T
T	M	Q	D	L	R	R	T	Z	Z	W	T	K

Saxons
Danes
Normandy
Plantagenet
Lancaster
York
Tudor
Stuart
Hanover
Windsor

See answer on page 195.

World Facts

Judaism

C	M	A	H	A	R	B	A	T	N	Z	R
H	I	P	A	S	S	O	V	E	R	O	Y
I	T	T	T	W	L	M	R	Y	S	Y	Y
E	O	K	S	Y	N	M	T	H	R	O	V
F	R	D	L	I	Q	Y	H	Q	M	D	P
R	A	Q	D	L	E	A	T	K	Y	S	N
A	H	W	M	M	S	H	I	G	H	L	S
B	X	Q	E	H	P	P	T	A	T	C	L
B	Q	P	A	R	P	N	V	O	I	J	G
I	D	N	R	U	B	U	T	H	N	M	G
S	A	V	R	R	O	E	T	M	L	O	T
H	T	Y	Z	T	V	E	H	L	M	J	M

Torah
Abraham
Chief Rabbis
Passover
Rosh Hashanah
Yom Kippur
Monotheistic
Shavuot
Hebrew
Ethics

See answer on page 195.

U.S. Facts

U.S. Military Awards

D I S T I N G U I S H E D S E R V I C E C R O S S
I R X R R Y S P P M W G J Y B V P G Q L Y T P B M
S D D B K M X O B U R V T L G J N Y R B P X W J T
T J R Y L G Z Y L L R I D T Z R P A R Y T T P R L
I Y X J P N B G L D R P M G O V T L G N T G G L N
N N D L X L Y Z V E I R L N L S T M N L D X J Y D
G M P L R T T T M W Z E O E R G B R N T Q R T P J
U Z D V K J B F J T R H R E H P N B G L V N J P L
I L N T L Y O J Z P F T V S N E L Y L V J N D B T
S T L V B N Y Q K O J L Z Y M Z A J R D O J L W Y
H P J Q O V J B L L I B X P L E Y R P I W N W L J
E R M I Y J B A L S Y T X N L P D N T Y P K L G T
D P G Q Y G D W T W V D B M N P N A M J M A M L Z
F E N N Y E T Y N L R D V R Z T D K L R D T T R R
L P L R M L T G Z N Q T B M O N R Q M E R R K B P
Y T J P M T K D Q Y W B Q N E N W W M Z M B P Z D
I J Y Y D D D M D Q K R T M M X Z R J V T N L D J
N J K V Y P J P Q Q X J M R V P I E M B Z V V Q R
G Y N X N J M T M W J O Z R J A Q D S Z G V W R M
C T N G X M Z R Y G C J N G Y Y Y T N T R M R G V
R L L M M G Y D T Y N M B L N J D Z J M A L Y Y L
O X K M M Z Y T M Z L Y Y Q T K V V Y J X R L R N
S R T T B R M R R Q D D Q D Q Z N J T J W D D D B
S Z M D Y D A J Y L P P J V T P T Y L B G L M J Y

Medal of Honor

Distinguished Service Cross

Silver Star

Legion of Merit

Distinguished Flying Cross

Soldier's Medal

Bronze Star

Purple Heart

Air Medal

Army Commendation

See answer on page 196.

World History

Royal English Names

H	V	B	Z	V	B	L	J	M	L	G	G
T	Z	X	B	T	R	D	S	P	M	E	Z
E	M	A	I	L	L	I	W	E	O	Q	C
B	D	X	A	W	N	K	C	R	M	H	T
A	R	H	E	N	R	Y	G	H	A	A	R
Z	A	M	R	Y	N	E	Q	R	A	T	J
I	W	A	B	J	W	E	L	J	Y	R	L
L	D	R	B	R	N	E	G	G	K	L	D
E	E	Y	X	G	S	Y	N	L	N	K	Z

Edward
Richard
Henry
William
Charles
James
Anne
Mary
George
Elizabeth

See answer on page 196.

World Facts

Most-Spoken Languages

P	J	R	U	S	S	I	A	N	G
C	O	A	C	M	Q	J	B	S	D
H	E	R	P	I	D	P	P	I	Z
I	N	G	T	A	B	A	L	J	N
N	G	A	H	U	N	A	D	Q	Q
E	L	Y	D	I	G	E	R	V	X
S	I	R	S	N	N	U	S	A	K
E	S	H	E	J	H	D	E	E	J
V	H	B	Q	R	Y	A	I	S	N
J	B	N	L	Z	T	P	L	Z	E

Chinese
Spanish
English
Arabic
Hindi
Portuguese
Bengali
Russian
Japanese
Lahnda

See answer on page 196.

Animals

Best-In-Show Dog Breeds

D N U O H R E E D H S I T T O C S
X F P E K I N G E S E Z E M S Q J
D P O M L P Z L R T J S L C D L D
A R N X W D L B R L I V O M T N X
F E E X T G O W M R K T T V M K N
F T L H K E R O F B T Y P R L Y Z
E N J Z P B R N P I K Z P L N R D
N I R M R E O R S E L G A E B T G
P O N M Y H H H I X G L L K T L T
I P K X C M T S M E G T Q L L Q T
N K Y I R E P M N B R M N W J D T
S R B J R B T Y B A N P Y B X R R
C N X R J J J B V D M K N N G T Q
H B I K T J B R R R P R Y R N M W
E E N V J D J Y K L N Y E M D Q P
R N Q X D T W M K N J D B G T R X

Pekingese
Poodle
Fox Terrier
Bichon Frise
German Shepherd
Pointer
Beagle
Affenpinscher
Scottish Deerhound
Scottish Terrier

See answer on page 196.

World History

Royal Scottish Names

T	E	R	A	G	R	A	M	L	Z	L	N
T	H	M	Y	J	D	B	N	W	L	X	V
K	L	T	R	Q	W	A	Y	R	D	T	M
R	O	B	E	R	T	M	V	L	D	A	N
J	Y	B	D	N	L	N	A	I	L	P	J
A	X	Q	N	P	N	N	A	C	D	J	M
M	D	B	A	R	O	E	O	C	N	K	K
E	R	J	X	D	J	L	K	M	N	P	X
S	X	R	E	R	M	Q	T	V	A	U	G
B	T	R	L	M	R	Z	L	J	V	R	D
T	D	T	A	B	T	K	N	G	B	Z	Y

Kenneth
Malcolm
Duncan
Donald
Robert
David
James
Alexander
Mary
Margaret

See answer on page 197.

World Facts

World Landmarks

D	U	R	H	A	M	C	A	T	H	E	D	R	A	L
O	T	Y	E	Y	P	R	B	D	N	L	G	Y	Y	B
M	P	D	J	W	W	A	B	Q	P	L	T	J	T	R
E	T	V	I	T	O	Q	R	Y	L	I	B	E	M	Y
O	R	A	Y	M	M	T	M	T	C	W	M	Q	G	L
F	T	T	W	J	A	T	G	N	H	P	J	R	D	P
T	L	A	T	R	J	R	E	N	L	E	E	G	P	P
H	Z	M	J	P	O	D	Y	E	I	A	N	Q	K	M
E	M	D	Q	M	D	K	O	P	T	N	M	O	X	J
R	J	J	Z	I	A	F	G	W	T	N	A	L	N	N
O	N	M	B	Q	Z	H	A	N	X	A	N	E	Y	J
C	Y	R	W	E	X	L	A	Y	A	K	E	P	L	Q
K	O	X	U	J	L	M	B	L	J	K	Q	R	T	T
F	B	S	Y	G	R	D	R	K	V	R	Y	N	G	V

Great Pyramid

Parthenon

Temple of Zeus

Dome of the Rock

Angkor Wat

Durham Cathedral

Forbidden City

Great Wall

Leaning Tower

Taj Mahal

See answer on page 197.

Location

Beijing

H	A	L	L	O	F	S	U	P	R	E	M	E	H	A	R	M	O	N	Y
E	N	E	V	A	E	H	F	O	E	L	P	M	E	T	R	Y	J	L	J
T	R	T	F	T	B	D	G	D	L	J	R	Y	V	J	T	D	Z	D	Z
E	K	A	B	O	X	E	M	B	B	L	V	D	D	G	Y	J	Z	Q	G
M	R	J	U	P	R	M	I	W	Z	D	M	Y	K	U	V	X	K	W	M
P	A	K	Y	Q	X	B	W	J	P	N	T	T	A	R	T	Q	B	J	J
L	P	R	U	Y	S	T	I	J	I	M	K	N	B	T	L	T	K	Z	Q
E	C	W	V	N	M	N	V	D	M	N	M	N	M	D	D	J	D	K	X
O	I	J	L	T	M	Y	E	J	D	I	G	T	Y	R	D	V	R	J	R
F	P	Z	K	A	G	I	V	M	N	E	D	Z	Y	Y	B	Q	G	G	M
T	M	B	L	Y	M	Z	N	G	N	M	N	R	O	M	P	B	R	N	T
H	Y	D	N	R	R	A	Y	G	W	A	J	C	G	O	R	R	N	N	G
E	L	Q	L	L	X	U	T	T	L	T	N	T	I	G	Y	B	D	Y	W
S	O	Y	T	K	A	T	R	E	P	A	P	A	D	T	J	N	Z	T	D
U	P	N	L	N	W	Y	Y	J	M	X	K	T	I	L	Y	Y	T	K	Z
N	D	L	P	V	X	X	N	Z	N	P	X	E	R	T	T	G	B	N	N
M	L	A	Z	L	Y	V	Q	J	Y	M	L	Y	M	G	Z	Z	K	V	W
J	R	X	V	L	L	Q	N	M	T	X	N	E	L	W	M	L	Y	R	M
K	B	R	D	V	R	B	B	D	R	N	B	Y	M	Z	T	Z	K	L	M

Forbidden City

Tiananmen Square

Temple of Heaven

Lama Temple

Beijing Zoo

Yuanmingyuan Park

Olympic Park

Kunming Lake

Temple of the Sun

Hall of Supreme Harmony

See answer on page 197.

World History

Royal French Names

C	F	H	U	G	H	T	Z	N	R	G	Q
H	X	R	N	G	Z	T	K	D	B	J	R
A	Y	R	A	B	W	P	X	S	L	S	V
R	L	G	R	N	M	D	I	O	E	L	J
L	N	Z	D	R	C	O	U	G	P	S	P
E	J	O	J	M	ç	I	R	T	A	H	P
S	N	M	E	N	S	O	S	L	I	N	B
Y	B	R	A	L	E	B	O	L	H	T	Q
Z	K	R	P	G	O	C	I	O	V	R	X
R	F	T	B	J	I	P	J	B	V	B	G
M	D	B	D	N	T	X	A	D	M	V	N
R	K	L	Z	K	T	T	J	N	Q	V	J

Louis
Philip
Charles
John
Francis
Hugh
Napoleon
Georges
François
Nicolas

See answer on page 197.

Business

Largest U.S. Companies

Y	A	W	A	H	T	A	H	E	R	I	H	S	K	R	E	B
C	M	D	L	R	B	V	N	M	N	Z	D	V	M	X	W	X
H	V	J	L	I	K	B	M	Q	K	M	V	T	M	K	N	N
R	T	S	G	K	B	M	C	K	E	S	S	O	N	R	B	Y
J	J	L	H	Z	R	O	G	T	L	D	T	T	X	G	A	D
Y	B	Z	A	E	N	T	M	M	R	Q	W	D	Y	L	N	K
C	J	L	L	E	A	J	P	N	X	N	A	P	P	L	E	D
O	D	D	Q	N	H	L	Y	J	O	G	D	H	R	L	N	V
S	V	V	R	J	A	D	T	Z	N	X	A	Z	X	Y	Y	K
T	D	P	J	M	M	N	E	H	R	B	X	T	L	V	R	W
C	B	W	A	L	G	L	N	T	E	B	R	E	B	N	L	N
O	N	Z	T	Y	J	K	N	T	I	A	K	R	X	T	B	Y
G	O	M	D	B	B	D	K	M	M	N	L	R	V	R	T	W
N	W	L	D	L	D	X	V	L	L	J	U	D	Q	Z	L	M
D	W	Y	X	D	W	L	A	D	B	R	N	N	R	B	L	T
M	Y	R	T	R	L	W	T	T	Q	Y	B	L	D	T	X	L

Walmart

Amazon

Apple

CVS Health

UnitedHealth

Berkshire Hathaway

McKesson

Alphabet

Exxon Mobil

Costco

See answer on page 198.

World History

Chinese Dynasties

Y	G	R	J	D	M	P	J	R	N
D	B	N	D	Y	H	R	D	R	N
J	N	L	I	A	T	R	J	Q	Q
V	L	B	N	M	R	Q	B	N	P
S	Z	H	O	U	A	I	X	G	N
D	H	L	R	T	A	N	G	A	Y
N	P	A	X	D	I	G	U	Q	B
I	N	G	N	X	M	Y	X	P	B
Q	D	T	B	G	W	L	M	P	Z

Xia
Shang
Zhou
Qin
Han
Xin
Tang
Yuan
Ming
Qing

See answer on page 198.

U.S. Facts

Grocery List

S	E	O	T	A	M	O	T	D	E	N	N	A	C
S	B	V	P	V	J	M	D	G	L	D	X	R	B
S	E	N	R	K	V	T	W	V	B	Y	L	Q	X
A	A	O	D	K	B	N	T	L	G	K	Z	P	W
P	G	N	T	O	M	A	T	O	E	S	W	N	J
P	S	T	A	A	Y	R	E	P	G	D	Z	E	L
L	U	T	X	N	T	Z	D	E	Q	N	C	V	P
E	G	Y	D	Y	A	O	T	Y	F	U	W	G	K
S	A	X	Y	J	N	B	P	M	T	F	P	R	P
N	R	D	L	I	B	V	M	T	G	Z	O	R	D
B	R	V	O	E	R	N	E	K	G	M	L	C	N
V	T	N	E	R	D	L	T	P	M	G	L	D	X
Q	S	R	D	G	Q	R	R	P	G	Y	Q	Z	P

Sugar

Canned Tomatoes

Potatoes

Coffee

Bananas

Apples

Onions

Tomatoes

Beer

Lettuce

See answer on page 198.

World Facts

Countries With More Paid Vacation Days

J	N	N	B	D	N	A	L	N	I	F	M	K
J	Q	B	G	K	Q	B	N	Y	L	A	U	J
T	T	R	K	W	K	Q	Q	D	L	Y	L	M
G	J	R	N	I	A	V	J	T	Y	K	Y	K
T	R	V	L	Z	C	I	A	B	J	G	K	J
J	V	U	D	A	E	E	R	L	L	Z	R	N
M	D	B	O	C	G	T	L	T	T	B	V	T
N	W	E	N	B	N	U	L	A	S	J	N	Q
R	L	A	N	E	M	R	T	Y	N	U	W	X
B	R	Y	D	M	D	E	R	R	D	D	A	R
F	M	E	W	W	A	J	X	Y	O	N	J	R
R	W	J	D	D	J	R	L	U	M	P	P	T
S	J	B	J	Z	J	K	K	T	L	R	Y	T

Luxembourg
UK
Sweden
France
Finland
Denmark
Austria
Iceland
Malta
Portugal

See answer on page 198.

World History

Periods of Japanese History

U	K	O	G	N	E	S	T	R	T	B	J
N	A	M	B	O	K	U	A	A	R	T	J
F	O	G	X	N	N	G	R	S	B	V	W
U	T	T	M	J	T	U	D	D	U	L	V
J	A	L	B	O	K	N	J	N	V	K	M
I	M	L	L	A	M	B	B	Y	N	J	A
W	A	I	M	J	R	O	M	R	T	R	M
A	Y	A	J	E	V	T	Y	R	V	N	D
R	K	W	I	I	J	B	K	A	A	K	L
A	R	W	N	V	E	N	N	R	M	G	R
L	A	J	V	P	Y	M	A	D	J	A	T

Yamato
Asuka
Nara
Fujiwara
Kamakura
Namboku
Sengoku
Momoyama
Meiji
Reiwa

See answer on page 199.

U.S. Facts

National Monuments

G I L A C L I F F D W E L L I N G S
E G D I R B W O B N I A R D L C N X
D M K F Y J P A D Y S L E R R Y T Q
B N E Y O G D T C N T V Z A N G R R
J P D V Q R M T I O I O T Z M Z D N
T R B Y A R T U T L M E N B L M J J
X N X R W C R U S R R A V T Y Q Y T
L T N P J C S T N S Y W M K O J K T
T L L L E J O O O I R R G M L B D B
Z M A T W W Z F G K O Q T K O Z P M
L J Z W E W T Q Q O N N Q J W T X Y
R A N R E H G Z Y J N L Z N Y X H J
Q J X R E N Y R Q N Y A T T J T L D
Y D W M D J O X D Y B L P B D J N T
T M O K T L P T D R N L Q M W Z B B
R O L Z W P W B S J T J Q W I R N P
N D M L J J R Z Z M P X T Y Z T M W

Aztec Ruins

Craters of the Moon

Devils Tower

Fort Union

Gila Cliff Dwellings

Rainbow Bridge

Stonewall

Timpanogos Cave

Tonto

Waco Mammoth

See answer on page 199.

Answer Key

NBA Teams

T S M C S R E K A L M Z
H L D R E B Z Z T X W T
U L Y B U L Z Z P C A Y
N U K C S A T S L E R V
D B K U J M R I H W Q B
E S N D T O P S C L B L
R S K L I P Z D R S L X
K L G R E R D L L U Z N
T T R R Y M L R Y X P N
N A S T R L D M W P Y S
W X W M M G Q D V X J Y

1960s

M A R C H O N W A S H I N G T O N
T V L T O H C Y S P R R F Z K B Y
C N Y N E D X Q G M Y R Q D M B D
A G D D M E R X Y Y E P W L N V B
S L N X E R R N Y E L O W B V V Z
T P P O N N Q T D L B Q N J T Z Z
H Y E X R R N O S R J J J N R L L
G K Z A D T M E E E V R N M M D L
I L C Y C R S P K D M K N Q T D Y
R Y Y O I E U M P F K A J T R Q Q
G J B D T S C R R Y N N S L Y Y X
N G E V L S M O Q A R H W E Y J L
I S Z K L Q D M R N L R O N S D J
T W K K K J M O Y P D I N J X J K
O N W T Z Y B N O K S J E M L Z Q
V Y Y D G B B Q N W N B N N L L X

Early Mesopotamian Civilization

P K L S M R O F I E N U C
H R S N U Q W Q V A I M T
O O Z T M M Y K K B Y D Z
E W Y Y A M E K A W Q H K
N N R T X R A R R N I W Y
I O X B E D U Q I T R L B
C R M D I M Y G T A Y Y X
I I K A M E P I G Y N N Q
A J N A L B T L D I T G R
N S H B Q E D D E Z Z L X
S Y A Z S J V N N S Z L J

Leading Businesses—Apparel

S R G N V P N N Y E K I N G
B K J Q W G J Q N T B J N Z
G B R H F L M P T B Q E B N
R K T O V O Y R U J R N Z T
D N M W W P O R Y U X M T D
W N J S G Y L T A N Y Q Z N
Y M Y A E I D L L P L L Q L
R Y P P N N H O Y O Z R T N
O D Y G N P A M B Y C Y Y N
S Z T M L V T H M H X K P L
S O R A J W V Y Q Q T T E B
N Q R N B D Y Z Q R Z A K B
G Z D D K P Q W V J Q T B L

Modern-Day Writers

S A N D R A C I S N E R O S Z W I
Z M S N O M X D X B T Y Z S Z C Y
L A N H J O P D J L R N U M C M M
T N I T E N W N T J Z Z R A J R D
E D J D Y R T T O I A K D N Y L R
M A K W T W M H A N M L W R B D Q
U G N R T O N A N T A O M D M V Z
L O J T W G N E N B E T B R B L J
B R B R R Y C U D A V R B R M Z L
Y M D E R O M I J G L L A M I Z L
D A E P L J V M N J K E D G R E B
U N G L W A M J M M L R X Z R M N
J R I K D P B Y N T Z R K I G A R
Y N Q X M D D N L L J T V Y E D M
S B M L P B Z P D Q K G L W P Y M

Notable Architecture

D L E A N I N G T O W E R
S O J L N Z T Y T Z M P A
D P M Z N R X B Y U P I T
I E M E D O M P E L H W L
M R N K O J E S T P L L W
A S D O L F S H O N A J T
R E J T T O T S T W M A L
Y P J B L R A H T N J Q B
P O R O N I E A E M A D Q
T L C L G D E D A R K P M
A I B A X R T H A L O N B
E S H D G D A Q M M W C Y
R R Y J Y L L K R G E Q K
G L M K Y L W W J X T B K

Record-Breaking Steel Roller Coasters

E C R O F M U I N N E L L I M M
R R R E D F O R C E N L R X J W
I M A G N W Z P X R M J Q B N D
A L R S T O B R W T Q W L Q L B
T F N M S D G M Y B M L J Y K D
L U J J N O Y A Q K I W S M L V
A J R G Y M R W R R J M P D T S
K I N G D A K A H D I B K Q U V
L Y K G L W M T L L L V Z S T T
N A N J Y J P W E U W E S G K L
L M X D P O R R N J M O E P Y B
K A D L T Y Q J L L L R J T Z D
R M R L Y M K L Z O R L O Y S R
Q B N B T R N Y C Z D P L F M T

U.S. National Parks

N R Q Q R B J B W M J Q N D H Z
O N O E T I M E S O Y V B O R S
Y T Y C T Y E L L O W S T O N E
N T T D K J A M X C N S X R P D
A B W L D Y L I R J P P E T S W
C T T G X B M A D R P V Y E D G
E S N X N N T O I A A R Q L R D
C K E D B E N N U C C U D V V N
Y J X D R T G D D N O A T B Y D
R Y M L A S N A G I T Z N R J B
B T A G L L B Z A K Q A R N N W
R K M W R S G X P V J J I T J V
E L Y M L T G R D M N D T N V L
K G D R T Q Y X E J V T M M S V
X V A V Z N Z M B V J X R M X N
D C N V K N L D Z Q E L M L Y P

Venomous Snakes

R E P I V D E N R O H T R E S E D
A B T L P P Y D R Z L X R R L Z L
R B N B D D B B D D M Z T L Z G T
R E M Q L J D M Z D Y Y Q L L Y Y
N E K A Q X B T J G W D P B T D N
A A T A M D W Y K D X W M W B G X
R R P S N K C O P P E R H E A D D
B E M I A S C T N M T T Z K M A M
O D D T A M E A Q Y M I W D R W Z
C D Y D Z T H L L X K M G O D K K
G A R N A R T S T B D N C E T Q M
N F N P L H J Z U T M D Z G R B L
I F L B L T T L Q B A D X B G Q W
K U L Y Q B T A D Y Z R R D B T K
T P N L J R G T E Q T L V R N R X
L Q K Q M X N G Z D B M T L W B K

Oldest U.S. Universities

Q W P E N N S Y L V A N I A
M B A Y C X M L R G R N L Q
D P N S K O Y D R R W K J V
E Y C K H Z L U B O Z M W Z
L V D A J I B U T R D V D D
A Y E K S S N E M V O D J T
W A X R T T G G N B L W P Q
A L J T M R L M T T I V N J
R E I D O O N E N O Y A L M
E P Z E P P N W T M N W J Y
D Q G T Z P N T M O L L N K
N W Y G R D W Z R J N T E M
X M M R R G M B Q Y W P J E

Mongolia

N O M A D I C L L L G S
U Y T T J L W T W E D R
A T R Z Z T P V N R A Y
E M R M L R T G A T G M
T K K E N Z H P A R O L
A G H Y S I O A R N L R
L N P A S E B Y G L P Q
P Z Z K L N D O R A G T
K X H W A K L I I W B Q
N A O A X I H S B Y P N
N N L N A Q A A W O M Y
S U R N D D D Y M Z G D

1980s

A R E P O E H T F O M O T N A H P
R O N N O C O Y A D A R D N A S Z
B R E G N E L L A H C M S G R B T
B A R P A N A M A V I N Y L Z K P
P T Y O J L G K T R E D B L N D W
V D P E N T B J A L D Z M L W L R
W Q G N A A T C E Q R T Y B R B G
D N Q L J R L H L R T G Q Z Q V Z
Q X N T V E T D R Z J J R T L Q L
T R K T O S G H R I T L P R B R M
T R K N T P Y M Q E L T P X T L W
J W I N S N M T D U A L Q T X Q D
Q C U D V Q L M N L A G E D X V X
E O I M V N J Y T D J K A R M V Y
M A T L Y Z N Q L Y Z B E N K K Q

Major League Baseball Teams

S N E W Y O R K Y A N K E E S K
A C H I C A G O C U B S H S A N
N R I D V T W N L W W O R N S S
D Z M T Y T P T G P U E S E N P
I Y B B E N V L K S G A V I T X
E R N G D L N L T I S A W J O R
G M G M T N H O T C R T G S M J
O X N R R L N T I B A J D Y G K
P Q W M X A I T A T N E M D M K
A J B M S O Y T O D R Z P Q J Y
D T D T R R N S B N N Q Y M Z L
R Z R T O A E B O B G A M P D B
E O E Y L N K T J V M M L Z Q M
S D A T N R S M Z M B B T K M K
T L A I Y O Q B V G L D T M A J
S M M G B Y Y B R M N D R Q D O

Early Egyptian Civilization

H X N I H P S T A E R G J S
I D T M T M T N J N Z M I Y
E S A N W Y E B L P D H V M
R U B E N I Y N Y B P M T M
O R N Y D V T R E M D M X W
G O M G G E A I E S L T T Y
L H P B Y M H M T Q L D X T
Y Z Z A I R J T T R R R J Q
P G Z D P M V W F Y E R L Y
H V S Z T Y V D Y O N F Z M
S N I L E J R B Y N K N E R
D R D D N M L U L J Y O Y N
N Y W N Y T L Z S J Q L O Z
B T V T L T D V R K T V R B

A-List U.S. Corporations

A M E R I C A N E X P R E S S
S J J T R T Y Q Q Y Z L J G J
T N D P A A W M K N W Y D R J
E Z O Q N T P T Z W B L D N D
B V N S L B S P B L L G Y T L
A L L R T Q Z L L N R Y Y J Z
H N D W T R Q B L E B D T Z M
P Y A B C B E A G A L R R R D
L P T K T M M B M L S L I D D
A K N M L A X R L A T Y N A L
E W B D Z K B G D A Q R M G M
T J B O L L R I Q W B W B N L
N P N R N J D B P Y Z Y B J W
A J B K D A J G R L K B D B L

Greek Classics

B E W S M D L P S N
E L U D A O A E J P
Y L L R T P T I A B
O G T A I A P R L Y
T L L O R P T H E I
H P Y C T H I S O D
L O O M E S S D T T
N S M N P Y I T E D
G J O E D I Q R Y S
M N Z O R B A L A M

Popular Podcasts

P K L B R D R R L N R R T N Z P X Q E
R N V A T Z B T G Y B V Z J D L N M Y
W T V L R C M Q W L G V D Z J Z L T Y
T L H O L J B L B M N K L P D L L B L
H B Q I T W O N R U O H S W E N R P N
E N N D S Y P B E R W H L T R J Q Z Q
D M N A D A J L R N I P T W W J J J X
A V M R N X M Q A D I N X F D U M T J
I T N Y B D N E D N O L R J P J M V T
L M R Y V M K E R D E E E F G R D T J
Y V D Z Y T N V T I S T I T D Y X M Y
Z T J L B B N I Q H C R M Y A M L M W
R M D M R V A J A Q S A J O D D N V D
J R Q A V W R I W T Z M N K N R M W Q
M W I D T X R N Y L Q Q X L Z E Y M V
V N W I L Z Z N L N J R Z L I M Y L T
N T A Y J W N T T Z Y Z T M W F Q K J
P W M Y D T Q Q D M Q P M J N T E Y L

Major Religions

M S I T N A T S E T O R P
M V W X S D T Q Q V R J G
T S C A T H O L I C I S M
L I I V N B I T Y L P N R
J K J N L Q A N M X B L T
Z H R M A O D S T J L T Z
J I N J I I I T B O B Q T
U S M S U H C J T T I Y G
D M M N D X V U I K Y S N
A D X D N Y R S F D N X M
I D U J I M L L M N P V Q
S B T Y H A J N D J O N W
M R Y T M R N T X R R C V

Space Missions

O Z R G R E E N O I P
E R T O J E A N M M L
L P E M Y L G E T R R
I A R G L E S N E N R
L K R E A S V N A V Y
A M G T E Y I R I R Q
G A G N E R O K U W R
M Y G N A M I V X S Y
M E Y M R N I D N V L
R V V P G L Y S T T G

English's Borrowed Words and Phrases

A D E U X E X M A C H I N A V
H T Y I B B M Q O T T X L L K
A Y A N O N B M W L Y V K D R
I T M R V U B O V W I L D R T
R X Y L G U Q T D O L O N N L
A B J M D N Y S L E P K W Q T
P M D S M T O L I P G M G W P
D M M M T R O N E A T A L M T
P A B V D P L L A P S T D B Q
N J Q D I M G D P N D E G L B
Y Q W O Y A K C Z M O N N X G
G P H K N M O K T R X S Z E K
L T B G J H V Q U Y T W R G J
N X E L D D V Y H P J N P E M
Q R G A R Y D R C D L Q J B P

Venomous Animals

```
R E D I P S E S U L C E R N W O R B
B O O M S L A N G S N A K E J T W W
R R K Z P N W Q Q N T W R T R L B Z
E J D L I B T N N Q N I Q Y Y B R Y
P N D X T Y O B N P L T N R Q T B M
I T G T T M R X L L W B D G R D W Z
V K Q N I B T W J P R K D B R A W G
T X R J N L N M O E Z L N J S A B J
I V R N G D Y R T D L O A P V R Y N
P M Q R C R M X R D I L D J M D Y Y
N K Y B O V J W L P U W Y T B K X T
A B N G B V G M R T J D K F K R M Y
I J J D R J B O N N Z J D C I L X P
S N Z T A N C A R B K M Y T A S Q K
A R T T V S R T W D K Z N R L L H W
L Q Z J J A D D Y L R M Q W L V B L
N Q N N T M L Z L B Y W X D R D P X
```

New U.S. Universities

```
E T A T S A I G R O E G E L D D I M
W W S E D A L G R E V E L K W E L D
S R Q A T C M N G Y G T J D T Y B B
B A G R O T A K D W L L M A J Y G D
B V X M R C K L J B W L T M W N W T
Q B K E R R F N I B Q S K T K R L Y
N B M Z T K J L B F A Y J M W L P D
R Z M V L H L M U I O B N A G U Q T
N B P B L Q T P N G D R S T R T G T
P H O E N I X R K X A H N D V R T R
P M L D T X O Z O N I D U I R N N W
L L L R L F D D Q N G E I G A X G Q
W D G W I R V T G D Y V Q R M P W M
Q J N L V Y L T Z K R D J X O D D D
B T A V Q Y O L J M D B W Z N L D J
G C Z V D N K R M T Q J Z M R D F R
```

Canada Capitals

```
N D K R Q P N V D D B J X N
J J T O R O N T O K B Q W J
X X G A R P W W R X J O Y J
X A W Y I R J R R G T T P R
E F B R W R N Y E E D Y Q B
D I D W L H O P T L G U B T
M L T T K Z I T J Q E I G Y
O A D M J N O T C B V P N S
N H T M N L Y R E I T J N A
T D D I R Y K C B H V H D Q
O D W A J N Z J Y M O Y Y Z
N M H J M K K N L J D R K N
M C P T M B W Q T R B D S K
J T Z Z N Y Z S R Y J K L E
```

1940s

```
F R A N K L I N D R O O S E V E L T
T I R T J K G V P M X Y Z Y Y N G R
M R X L P L W T M Q D D M D D L W P
M O G N J J R Z Y Z W N N L M D R M
Q N C I O N M L D P J Y P L O Q L Y
R C A B B S X B D V Y M T K N R Q V
O U S A W I N D P B W H L B R J N V
B R A B R L L I D M I A Y W T P T Y
R T B Y R D D L B R H M X M D K N X
A A L B D L B J O O T Y J V W M Q V
H I A O Y K M S M F R T K T D Q R B
L N N O K W H A L M R E T T Y W Q D
R M C M Y I Y D L N B I I D D M T D
A Z A A M M G J R L B D G K R L Z T
E J D A V D Q N M N D T T H C R W V
P D T D J V K N J Y M X L V T A B J
B M Q Y P Y Q B D N G Y Y L V S J R
```

Athletes Who Started Young

R E G R E B S I L H T E O R N E B
A O T T T K T P W X P L B P X M J
C S R M L A N I Q Y L V A B G V J
A N A P A T R T G B R T T J N T V
G O C J X R R A T E R N D W M R D
O L Y X E Z T Y L I R Y Y T P T Y
P A A N W F Y I C I N W Y Y R M R
J O U B O N F K N X P Y O L Y J R
E D S T D S M G T A T I K O Q R L
D N T K T A Y T O L H T N R D J J
A A I R H K T T L R D I B S Y S B
T N N O T Z M D E N D N N Y K N L
T R M Z W K D J Y K M O Z G R I D
K E J P K N V R R N I Y N J I M R
S F R X W N M B R Z T M T N Z S Y

Mediterranean Empires

A P A R T H I A N S A H
N T N P M K T R R I E A
T O T Q G B W Q R L R E
I L Z R K J N D L C P S
G E P N R Z N E H I E D
O M J Y M A N I C L S P
N I M D X I M U E T E W
I E M E S E R U O R B R
D S L T D E C I S V T R
S A I E A I C I X Q V Z
R C S N D S A Z X P P J
Z X S S Y M M Y R V Y Q

Top U.S. Industries

W R M A N U F A C T U R I N G
E H C O N S T R U C T I O N Y
D R O R J R E S S E N I S U B
A N D L L R B C T K T B H P R
R O O G E Y M Y N A L O M Y Z
T I W I D S T L T A S Z R T Y
L T K R T D A R Y P N T J M B
I A X T W A O L I G R I N L D
A C V W M P M T E M V R F W Z
T U B W S T A R B T Q D Y T L
E D L N D L W N O J R Z W N Y
R E A Z I X L Q L F Y A N D W
R R G T T J J N Z D N T D N N
T P Y X R P G Y R M L I V E N

Early Rome

G N I R E E N I G N E L I V I C
S N A C S U R T E T Z J N T N K
A C Q L Q H A T X B U N M B Q Q
U K L B D N A Y M L Y N B L M M
G R R E T P U N I C W A R S L R
U Y O O O Y T U N J T M Z L D M
S K N M E P S L B I D Z V R L D
T Y L P U C A G V M B J B Q D Y
U D M T A L K T D B Q A L Y T Y
S O L E Z D U K R G M Y L D D L
P G S R K B V S D A B Y Y L Y N
N A W X T T Y T B J M G T T Y N
R D X R M L D R W Y T Z X R D R

Popular Magazines

G N I P E E K E S U O H D O O G V
S N R W W G L Q Y D M Q C E B N Z
O N M D T M J L J L K A C B P Q N
U X M T V Y N T J B R N G V G J Y
T R K N B B B N X A E O N T B S L
H X L R X N Q Y N S L T Z Y M L B
E Q N N J Y P D S F B Q R I R R T
R R G V Y K D E D M D Z T E R N R
N K S R Q R L I Z M G H L N B P Q
L G D T I K G Y X D S P T Q K V N
I W P V N E P X J O O T D P T T J
V Y E B S E N T N E D L I E L L E
I R R T N Y R I P Y P K Y M R N Y
N L Z V R W A A M L V V J R E Q Q
G M V Y X N B B P L T R T K R P Z

Desert Countries

N A T S I N A H G F A S M
A N D O R R A W X Q E Y N
R R J B Y Y R L P T Q I N
Z W R L L D A D A D G N Q
K N V N B I N T A E W R M
N M D D B O S A R H V M D
Q G Y I R D T L D M C X R
L X M A E K V S I U N X T
M A T T D D R P W B S N J
N A I L K B X Q V A Y T M
Q N K J Y D Y Y V B N A J
U Z L Z N L L D B Y R A J

Record-Breaking Wood Roller Coasters

S N T L R J X B T M N V N Q R N
H J T L D B Q Q X S N Y Z Q L Q
I M N L G J B D K K A T M T R D
V E G A Y O V E H T Y E Y N T Z
E W I L D F I R E R Q Z B T Q T
R S Q L M N R B T Y J O V E P R
I J U Z M X J Y P Y V R R O H Q
N L Q S Y R B Q W M S O U X R T
G Z Y D S J E B Y S B T R N Q L
T X X G W O R T E M L L V M D N
I Z T D O T L R I A M E B W J M
M L W M J L P O W P P Z G P L G
B D N D Z X I R C T U Q W R T J
E R P Q E Q U A B M N J M R R N
R B T T Q N Q J T X Z N D L V J
S D X Z T M M L Q H L Y M Y J M

Republican Presidents

M Y J R Y R J L Y Y M D P
R E W O H N E S I E M M L
N T R O E M L A D N U Z T
L T L S L G J R G R Y F X
O N D E B D D F T A A Y B
C A M V N T O I H T N T R
N R L E Y R M O L B Z G M
I G T L D Z O J G O G W N
L L N T B V V Z Z M O L D
Z B N M E L J G L D M C M
Q T L R B J L J T M Q B P

Fast-Paced Animals

E P O L E T N A N R O H G N O R P
G Z P J V M D Y E R V X Y P P N Q
Y R Y Q A M B D T L I O N M R V D
Y Z A N U K R R O B T G M X M T X
D R E Y M A T D Y M N A N M D B Z
M Y T D F T R Z O Y P Z K R Q L G
H G R D M O S T C M B E B L Y B G
K P R G M T X E E R D L D J E G K
K Y B B D J H J E R P L Y R L L Q
A N M R R A M B D B H E L J B Y D
R J J N T V T M X M E O R G B W T
B Q J E G W Z W N M Z D R Y D J M
E L E J B Y P R N B R K L S M V M
Z H M T M K B Y Z B P M V I E Q G
C B B P K D L Q D Y Y T B Q W R N

Private Universities

A I N R O F I L A C N R E H T U O S
N K E T T E R I N G D C R G Y V T Z
B O V M R J Y L N L O N W L B R D Y
E J R N T K B T L L J B J A Y D J T
X N X T L R L P U N B L I Q V M G Y
M N I N H B J M L Z E N N N B W G G
G B L D D W B J L W A W B Z T D T T
R P O N R I E M C V Y D M Y N D L Q
J Y N G A E Y S L O B T X A N T L D
V P R R A P P Y T M L R Q L N N T G
J D L R L C S P Y E Z G D U K E B J
M N D T Q N I W E L R X A T W R K L
N D B T N N L H Z P W N J T G N M Y
W Q B E T Y L D C R L B Y B E W M P
N J P L L T Y P Y V Y T K V Y J B N

Paris Landmarks

E S A I N T E C H A P E L L E T
R C R E I N R A G A R E P O U N
E L A L R R D Y Y J M B T I T E
W Y X L K E M V Y B R Y L B H G
O X D L A M V V V V D E B P N N
T R W L L P B I M R R P M X O R
L K U P O N S M R I L O J T Y P
E Y L E N U B E E E I N R D X B
F Q Y N O W V S L R N E J B K T
F R B Z J C G R T L D I Q M Z D
I B Y L M A E E E A I Z E Z N Z
E Q B T R T D R M D L A B S P G
M Q D D D C D E C X Y K S T D L
M J E Z R B R G Y A D P X R X R
T N X A Y Y D V N J S Y D Q E V
S N N V Y P Z D J K G K B K J V

Statue of Liberty

W D Y R E V A L S F O N O I T I L O B A E
N R L N F R E D E R I C B A R T H O L D I
L E N R L D L B Y Y D D R R Z B Q B O Z Z
J Z W D O G P Q D K N R R T X R T U W V Y
N R J Y R W N L Z Y T B T K T Y A Y U Q B
V N J M O D E L D M X Z K E M R Z S X N G
B Z W Z R R N H B N M L C N D M C W K N Y
X T G D T Y K T T Z A N B D Z E Q M J G D
N Z X L D R P H L G A L E D N M O X P G V
K M T M J M L Y A R N L S T N D P Q V K T
K R T J L Y T M F R A I E I E J J J R L K
B X J N L X G Y M B B N N E S K M J V M V
R Q L T R G P T O P N O R E X I J N N P Y
P V V B D G Y U L I G F B M T V L T Y Y X
T J N Y B G L T A D W Q R J D H D L C J M
Y G X D R A X L Q M K R X N G M G O E D P
J B T R Y K M M G L N P J R B G P I R J Y
W B N E Y N W P X D L T W M L P Y J L R G
D M L N L W B M B W N K M L E M M T T N L
X Y P Z W M D R X T X B K B P B G T P L E

Recent Scandals

M A R I O N J O N E S L G N N M P N S M
M G B V L Q N P Y T D P Y V D Z G T M K
L U V Y Q Z D M G A Y B J L N R I P A M
A E I M M V B K D G B B W J Q E P S X T
N T D N Z E D B Z Y G B N T F K T Z N Y
C A N G O T D L Y P D M M R J R K B R P
E G D D R D D I M S N M O Q O M L X W V
A E Q G W B L L N J T F S S J W B M N W
R T V Y Z L J E L A E I S D Y Y J L L X
M A V N N M L D M L S I M K I M Z N Y K
S L W Y G Y M Q L S G P M D J O L V W M
T F T R Y L V I G N A J I Y O R R R M M
R E X Y G Y V M S T L V K R T N R E N N
O D K L Y S V T T V P T O J I K A L T L
N Q W Y I G E Q K B L K N P Z D K G Y S
G J K U Y A Y Z B Y Z W T R A Y L Y H M
L Q O N L J Y Y W Q Z D G Y D R P L X Y
J L K I Z G K Y L D P D K P P X A N X G
G Y N L J N L X Q T W W L Z M T V H B V
J G K K X T B M N Y D Q Y Z M V Z L S R

Early Christianity

E L U R E N I T C I D E N E B
E N I T N A T S N O C P L T L
E D I C T O F M I L A N S M K
L T R D H L Y Y X U E I R T L
Z N J R L M R K L R R X M Q Y
T L I R T J A O I H Z P V M P
N H Q S D D F P C K T V D G W
C N N Z L T M S O T Q K Z G Q
G Z B Q A E U M E S S I A H J
Q N V R N S P N Q L T Z N D B
D Y S A E K B S M X D L R D J
M U M J R T N G O B M Z E R W
S O P B G M R N R G L Q J S V
R V D K Y N Y X Y Z G T X P L

Leading Businesses—Commercial Banks

S B A N K O F A M E R I C A D R Q T J D
Y E Y Y W D Z Q Q D J Z J D G T R L A X
W P C R E L T D L X T P L T B U R I V T
E U N I V L R N B D M T R P I Q C M L J
L O G J V T N M Q O Y B G S Z N B J J Y
L R G O L R T A R U B W T Q A L J Z Y M
S G B D L N E G T M S F R N Q V R L Z X
F I Y T G D A S Z S I B I D R N V X P Y
A T Y L R N M B L N N F A L B Y Y D Y N
R I R R C Y R A A A E A N N L P N D R Q
G C L H V Z Y N N N I L G L C Q L P G J
O J A Y K Q C P O S Q C J R T O B X D J
N S M G D I R L B K A G N W O Q R K M X
E B T G A K A N Y R J C Y A J M T P L M
Y R M L J T G R N Z R M H D N N N R T M
Y V Y D I K K V R M R Q B S P I N Y J R
Z R J P R Z D Y M Y Y R G M L Y F T X L
P R A Z T X G N J T T T M N L D J C L V
L C Y M R K X Q G V D V L K B J K R N Y
L J T N W B Y B K P Z T D T R Y T J Y P

Early Islam

N G R Z V Y T L R R L L M
B L B S H I I T E H X I T
M K Y D Z Y B D E T L Q Y
M W D Y L L R G K S G L D
N U L U Z M I Y U M X D R
A V H D M R T M Z D G X G
R N Z A A A I A Y L V Q G
U P D C M N Y Y I H W Y Q
Q V C J N M Y Y P B E Z R
K E M U M R A I A M A V V
M Y S B X L L D E D R R X
J D M N Q A B N D V V Z A
M R N L C L P K L Q R T B

Emmy Awards

E V I L T H G I N Y A D R U T A S
C T H E C R O W N P M T R T S Q D
A T H T M N R J R J M N N S R N T
R V J E W Y T D E T X K E D A R B
G B M Q Q B X A X O L T M M G K M
A K T T J U N P S D N Y E Z A W Y
R V E Q M S E S B O L L R T L Q K
D N Y B M W A E C D O W E T Q G R
S B T A E L K T N C V W J Z T K N
L Z R N D R O T A S I V Y M W J N
U T J E B O T I Z N G Y T X D R Z
A N T L F D V X S W M A G N J R N
P M B E Y I L L E J T G M J P L Y
U D R Q L M E L Q L P B J B L M J
R A Q O P T L Y G V A L N N I P T
B N Y D Y L X D W R J N Z J Q T R

Deserts of the World

A I R O T C I V T A E R G Y
I D A Y W G N X P Q T L P R
N E D R N L G R Z Q R D D X
O A M R A N X S N A I R Y S
G T R E Y B A X R A I Z X Q
A H D G V H I P I R I M Y P
T V T Q A A J A A B D B Y P
A A K R R R J H N T O N U V
P L A J Q V A O X P J G W N
M L D V K L V B M K Z Y B Z
K E K D A J T P B R N M Y X
B Y M K R D Y D K P P J J R

Volcanoes

S M E R I F F O G N I R L
E N A N E W Z E A L A N D
T A A N H J R M P A M K R
A M M E T O R R I R M R Y
L E S J C L T S T N T N Q
P R B E R O E S T T B M J
C I O J N N C C P Y Y N M
I C P O O O J I R O Y J P
N A V D L R Z L F U T P P
O S N M N F X T P I S S T
T I Q Y N J A M F N C T L
C N Y M Z M W E D I K A N
E L T D V R W J S L R B P
T R K R J L M M J Z Q G T

Democratic Presidents

P D R W J X N O T N I L C
R O O S E V E L T B V N X
K M J T D B Z D K R N R D
N E K W W V Y V M D J J N
A G N N D T L T T B Y L T
M C X N R N J A U L T R R
U J A M E B A C M T R G Q
R A L R D D H L L A Y N W
T C J X T A Y N E L B Y R
N K B M N E E T M V D O T
B S G A X D R J K L E J B
Q O N V I N V N N D L L Y
D N J B W W T X N W M P C

Animal Assortment

H S Q U I R R E D R R Y T C
G T G E L E P H A N T N H P
I A O A N Y J P J W Y I Z D
A B K L R Q Z V Z L C D T N
N M G J S D V J M K V T W Q
T A T Q D D E Q E Q R I P D
T M Z N D X E N N J L I K T
O K K D B R S O S D G M M Y
R C M D T P G M T N R G W Z
T A R M I Y J U D E A G K J
O L L D M M R R M L E I V W
I B E M J K Y Y L T R R L K
S R M Z E Q R Y J X R L H L
E M Q Y P T L J Q Z L D J T

Budget-Friendly Universities

E E J Y J T W L P R Y X R Y W D Q B Q
H T L G L J L R Q K Z D V T M B J W D
A R A I M H T P L K Q J N N E K D P X
W N T T Z Q C Y R D W J G T K N J T D
A G N X S A M E T A T S A N A T N O M
I W N Y M A B J T D L T T Y M D Y D D
I P N U D J I E Y O S V Z W G D N V Q
M B U Y O B V G T G J M T Z Y N Z T Z
A G R E D Y L G R H K A M Z K P Y N X
U D R V R W M U V O C T V M W Q R R X
I X Q K W T B A J M E I N A G O L L Q
Y N D M J S O Q H Q N G T Y N B N R W
J M Y L T K N R X G Q E E Y M M Y Y D
G W J T Z Q T J I Q I J P L S X N T P
J B I Z P M Z Q P C N R M S D T K T R
Y P Z T M P T B Y X O T B B A D A K X
K K M R V Q Y L L B Z M R N G D I T K
Z X J B T B W M V T M X D M J P N M E

Rome Landmarks

D M Y L L R O M A N F O R U M Q Q
D Z L Z L E T K R D X D Z D G S R
M Q L Q B I P X Z L R L Y G T V Q
S K E W N B H A C R M L D P N J T
T U R S T I N E H O Y Z E L Y Y R
J M M G E A A N N C L T T N Y Z L
D W L I C H R T M I E O D K R J P
Q R X I X R G N N R T N S L V N W
R D T N Z A O R S U B A I S M J J
W A M M Y E M B O Y O D L T E N G
V R D R H G A S J B Y F L A S U T
J T Q T J S V M U N A X I Q P I M
W T N Z I D R M Y C M L M V Z B S
B A L L M Z M N X Q R L L N E Y B
P P I G Y M V X B T Q I K I Y R T
W C M M Z X L L T N Y B C M V K T
A M V D P M L R Y J D Q D D T D W

Declaration of Independence

S E N D O W E D X P J
S E L F E V I D E N T
E C Y T R E B I L P M
N R V T W E S G U N V
I E G Q R T F R R Q G
P A M E H U S I R P M
P T T G Q U T R L P D
A O I R I U K H L T G
H R Z T P W A B S R N
L N N J R Y L L W J T

Olympic Games History

G L O R Y R Q M Z C
Y P K G T Y M B O D
S Q G D R X L M V S
H U G S V E M M U B
O J I M U U E I R M
N L K T N I T C H T
O Z T I I L T C E V
R B T Z A C R R K N
M E L J D O N R O L
R Y N W T N M T B F

Byzantine Empire

E L P O N I T N A T S N O C
A Y T J U S T I N I A N X P
L I B S R A V E N N A D T R
R B H B A G L D B I R S G T
X O Y P D L S D T M A V K Z
T G M L O C C E W N D D N L
D T L A I S L O V Y X Z T D
I M D A N C A I N D Z W N B
M T S Z O L T I B O W D L X
D O A I M A A D G B C Z J K
M R D L L K X W R A Z I R L
L W Y E Y K Y N M R H R M Y

Leading Businesses—Life/Health Insurance

L W P A C I F I C L I F E B T R L T E W D
E A R R Q P M D T P P G V M L D Q L A L
F W I M I T U D J T G X V D W U Q I T J
I G Q C P N X O N K D N B Y I R C W Z B
L N E R N X C Z R Z N W Y T Q N W V V M
T A M N Q A D I L G N D A N A Y N V V Q
E M N J W P N V P W M B D N V X R T J T
M Z J O V O W I D A L U I J N N R V L B
P T Y K I W R N F E L F N G J A L G J Z
D X B N K T B T H E L F M U F T Y J Y N
Y J W T M Z A O H A S K I L Q X W R M D
V Q J Z G J L N I F Z U A N J W J K K D
N V D Y T D M T N R I C O R A J P Y B P
V P B T I M N Y Z L T N P H B N Y Y X L
K J J N M E J N T D O D A R T R C T R P
K R G G D L R M D V M C B N M H N I T M
M S Z U Y W K T D Z N D N L C L G Y A M
G Q R J Y L R L T L L Q Y I M I D I N D
N P R T J W Y J B T T G Z G D Z A P R X
L Z X N W N Z N N L Y W V J W D B D M B

The Crusades

E M E L A S U R E J P W K B
B L J A H O L Y L A N D A Z
N R P D S T N A V E L T L X
A C Z O B I Y P L Q T J B L
B L H B N Q A P N L R Y X N
R V M R Z I T M E W Z B N L
U D D N I X T O I A K I T M
E L V L J S F N N N D L P B
P B P V R H T T A A O D K L
O L M G A Y I E L T T R B W
P N M T B U Q A N N S V N Y
R T T K M B S M Y D M N D V
D I N Z R Q G X B X O M O Q
N T V T M L Q B J J V M L C

Largest Countries by Land Area

S E T A T S D E T I N U
A X A I R E G L A K X D
Z I B R A Z I L A V N L
P J L I G C P Z K D Q D
V X D A Y E A N L W T N
R N P V R K N N T X W B
I U T Z H T A T A M T L
Y N S S L N S J I D T R
B Q T S I J G U Z N A M
L A G H I Z T D A Z A T
N Z C L M A Y D J K B J

Money-Making American Movies

E L B I S S O P M I N O I S S I M
D W X L G Q X R K R L Y M B B Z L
H Y S J B M Q M R D Z T Q N W N Y
D A P G P L Q Z M V T M Q X W V Y
B Z R J N Y A K B H B R J D J T M
W D L R R I Z C G F P D P J M R Z
M J T L Y M R I K R R X N Y J V T
Z Z J O Z P N E D P A O W L R K N
K Z R Z Y K O S H L A T Z L N Y B
B V B T K S T T A T P N A E L K L
L L K R V A T L T V F L T V N T J
R T A L R B Y O V E E O T H A D N
P D Y W K Q T Y R R R N D D E R D
R Y A Q Q Q W N B Y D G G R Y R Y
L R T T N V Y T K W D D W E O Y T
S Q Y Q M P M X R T M J Z N R L P
Y T J R J G P L R M J W K Z R S V

Notable Volcanoes

Z I U R L E D O D A V E N I
Y D P P X N V W Q Z Q O K X
D T M A L M Y G D Y T A J R
Y K J Z P L T B Y G L W G N
W R Q V N A Y A N G R Z P N
M A B E T Q N I M T B V N K
D K B S Q L M D L B W M B M
P A R U L A Z L A T O K R Y
Y T N V L E J U J Y E R B L
G A B I R Q E N N L A V A V
B U J U X T D L U Z Y N R M
J B W S W M P T E R E N Z T
B D J J K J T D X P M N K Y

First Names of First Ladies

J E L L E H C I M Y
R A N N Y L A S O R
O M C B A R B A R A
N V E Q X P L M K H
A N A L U I Y N I R
E Z Y R A E M L N V
L P M G U N L A Y B
E W I X P A I I R G
Q B Q D R M L A N Y
A M Z Y P Z M W R E

Popular Cat Breeds

R I A H T R O H S H S I T I R B B
I G B N M S I A M E S E M A Y G V
A Q Y R Z A T N M R Y V G K T Y Q
H L S Q N A I S R E P A M B V P J
T T S R G J B N Y J M J T X R T G
R J I R Y G B T E U Y D B W W N T
O R N L D M V N F C D X G M G V M
H L I K P K V F D K O B G L T M P
S L A N N B I D D D K O B D Y L X
N B N Y N N L B J N W Y N N D N L
A M M Y M Y P A Z N Q L J W Y K N
C R A G D O L D G M Q R T H J Z B
I Y R P Q R Z T B N L D P B Z D Q
R B N T D Z B X N B E S D V T R V
E W G L N W Z N Q D Y B X L T D V
M B Q R G R Q W R D T J W T X T Z
A L L M Q Z M N T Y N T X K D N Y

Esteemed Universities

N P E T A T S N A G R O M
O G E O R G E T O W N A M
T E Y N T H Q L L X I Q N
E M A J N P A K N B T L L
C A L V T S K R M W N Z A
N D E M N J Y U V V O I M
I E B Q R P L L Y A N R D
R R P Q Q O V R V I R N B
P T G V C G V N G A T D N
T O X N D K N R R Z N R K
W N R L N D I T N K Y I D
D N T N V V R M Y Z W T A

Washington, D.C. Landmarks

S L A R L I N G T O N Y J M Y J L L P
S W A G R T D Y J W M V L L N N D W N
E W A I G B Q G T D G K K W A L V Q Q
R H G S R M J N B T J M N I R Z Y M W
G I G Y H O Z T N R J P N N M R T Z D
N T L P B I M M M D L O X M R L J A Q
O E K B J J N E B N S C J M Q R I B D
C H T R B K M G M H O W A M Z R Z J K
F O G Z Y O R J T N D G L P O V G M D
O U P W R N B I N O O D A M I P L L R
Y S D I M B M B T D N S E T T T J N K
R E A P J S J G M R M M R P N M O R V
A L L K N M M N D N N Y O E V E L D M
R Y M N D R W N Y L R X J N F W P T X
B Q J T D G D R O R R R B X U F W B J
I R Y X D W L C B J Q N V M B M E D N
L R K T T D N J M T M J P R D Y E J D
W V K M N I M D M L R P R Q J W D N Z
N Y Y N L J J Y W K W X R M M D R D T

Preamble to the U.S. Constitution

C J U S T I C E B M J T
P O T T D Z N R Y Z R Y
R P N K Y X O L N A W Y
B E M S J L I D N J E Z
J R B X T K N Q M R M E
N F Z Y M I U J A V C J
L E T L T I T F J N G P
N C J Q L R L U E T E Q
D T Z I Z E E F T O L F
N P T J W B E B P I O T
M Y R B Q D L L I R O N
D N R P T N E M M L L N

Olympic Winter Sports

G N I I K S Y R T N U O C S S O R C
E G S P E E D S K A T I N G Y X Y Q
G G N Y G N I L R U O G T E L V W Z
N N U I T N Q M L B N D K J Y L R D
L Q I L T Y I Y J I Z C T T Q Y Y J
M N G D Y A M P I V O T L J D R N L
Z D J M R W K K M H J G D Y D W Y W
Q N D T J A S S E U B Y N Q D V L M
B Q Q W B E O C E O J W D Q Y P W V
J L T L N B I B B R T I J Q M L Z B
Y R L I L Y X S W J U T K N M L L N
G P P M B T L R K O M G X S V R Y R
X L G T B E Y J D J N B I Q X V N J
A N R M D Q D G R Z X S D F N M Z L

England in 1350–1600

S E S O R E H T F O S R A W
A D A M R A H S I N A P S D
S H A K E S P E A R E M Y W
J T L K J E D B T R A Z B L
K E U W I J F G K G B C M V
Y B N D K N D F N T H R L T
Y A J Y O M G A I A T D V M
M Z W P J R C J U L L R W T
B I Y W N A T C O Y C Q X D
V L Y X R J E T R H P Y Q D
P E N T W R V N K K N P W Z
Y Y A L M R E L P M Q N M B
L Q M K Z H N Z R Y R L R M

Leading Businesses—Food Products

S P U O S L L E B P M A C
P L R J M Y P R M B H Y V
L N L N M E E C L O N Z G
D A M I P S C H R L N K D
B N N S M O M M S I R X G
M J I D R L E U E R K W T
J C Q M O L A H C E E X J
O N I T F L T R L K Z H Q
M C M O Z F A L E B E D Z
K K O V A X O K X N T R Y
M D P R Y G Y D E J E T B
S Q K Y G T Z T N S T G Z

Mughals and Safavids 1350–1600

E T A N A T L U S I H L E D
M M Q M R P R L S L Z Z R B
K L I A Y L L I J P R Q R N
P R B L S V K D Z T P V Y J
K K J X S H S N A M O T T O
A U V T I U A K G K Y K N W
L R K S A D M H R T Y A N W
K D M B J J B Y J Z H T J V
R U B T N D M X X A M J W W
U D N I H G J A F G H J B Z
D J X N L J Q S H D Q A W B
Z R P D T Y I Q D A P Q N R
Z M P J V Y Y X V N L W L V

Top-Dollar Classic American Movies

D J S C I N A T I T J G M L W T
N U R Q Y N M V L M M W V M H T
I R A V X R M N B R R M T E E P
W A W T D R X M V L B Z S N M Q
E S R M R M D P X Z J O C U T X
H S A J Y E Q M M L U O G J Y T
T I T J A M H T Q N M T L R D J
H C S X G W N T D M S Z B L L L
T P N T K K S O A E D L J I W D
I A R B K G F N R F V N O Q Q N
W R G D Z M D R L M D N Y T X X
E K M B U M O K D X K O V P L B
N W J S E F Z T T I L G G W Y Y
O R I N J T N Y N N J R D N K N
G C T T P J L G L R T M Q B M R
N S D N N B D W N W J L Q T L T

State Capitals

T O N A S H V I L L E
A T J K J U N E A U E
L N C Q C L X T T G Z
L E N O N R L Q U P P
A M V Y N A A O L H R
H A L E N C R M O J W
A R P T S N O E S Y W
S C A Z O I N R M I N
S A B T Q I O J D D B
E S A D X M V B L Y V
E B K Q R D T J Z L T

Smallest Countries by Land Area

S I V E N D N A S T T I K I N I A S
S M N A B M T Z R D J R B R J Z J Q
Z D B T J Y X K Y Q K Y K Z B W B K
G K N L G W R V D B M K V W D V X Z
U M P A X W J O P N J B L N A M J R
L N Q M L W X X N Y N I M T V R R N
A M M L J S L Y Y I E K I W J B D Y
V B G K V V I X N C R C R W M S M K
U G J M P K N L H D A A V W E D V G
T Z L N G Z M T L N X D M V Y N Y Q
N W M M N G E D C A R M I N A G Z J
T N M R L N P I K M H D O U A Q Q M
Z R J W S Z T J B D L S R N B S X Z
V J Y T Z Y L Y N A L U R N A M V R
L Z E D X X B G M B Q N Y A T C Y T
T I T Q T Y R B M R J Y B D M N O P
N Q M P M M M W L M Z D N R W Q R W

Largest Countries by Population

I S N H L I Z A R B W L N
N B E Q S L Y X N X L I Q
D D M T X E M Z P I G V L
O P D R A R D Y P E H D P
N A A J L T L A R T J C R
E I Z K W G S I L P J U T
S D P Z I O A D D G S M T
I N L G C S B M E S N L M
A I B I M D T Z I T J A K
R Q X Q B D M A M Q I T B
M E V T J Q Q R N J Z N N
M R D M M Z B T N L J T U

Toy Dog Breeds

M T M N D G J W D Y N N G Z Y Y W
B I B V X N V N Y B T T R M W Z Y
Z D N G G B M D E L B L M B L O J
B Z T I L P V T H S P N T D R G C
Q T Y W A T D A L A E G Z K N H Y
V T Z M Q T V B P B N G S B I N G
S Z N T B A U I M A E H N H B R B
P H L J N V L R I N I L U I M Y R
T M I E J L D N E R T A D A K G P
J K S H O R A B E P H N L O G E J
V E D N T R P T P U I T D Y O N P
J Y Z Q E Z E Z A D E N Z J D P L
Y N D M B R U Z Q S N Y S R T Y B
P V O G R L N N E Z V W X C V M L
Q P R I D B X Y V J W J J Z H J T
K B E V Q D K D L G B D Q Z N E R
W R Z R R G Q X W B X G N Z Q R R

Universities With Large Endowments

A I N A V L Y S N N E P M
D R J R V M P O Y L J Z Q
Q R V J T M T Y G T T Y T
Y D O R Y E T G P E J A D
L K M F C M H B X L I T R
M D N N N P I A M N N Y G
B N I B Y A S C R E T L R
Z R G X Q A T O H V L Q R
P S V M M Y F S R I A A Z
N A X B L I M I T R G R Y
G X M J L Y X D B Z B A D
J E T A B K G Y L N Y D N
D T C G Y Z G R Y W P T T

Hawai'i

A H E M A H E M A K G N I K
I C A P T A I N C O O K U J
V N J L W G L I S D G L Z Y
O D A R T L S U N X U P Q J
L N B L D L C Y J L I G Q L
C T B P A S L X O N V K Q M
A T Y N I K Z N E R R G Z P
N W D B G Y O A K K N K P N
O S I R T H P U A U R J J M
E H Y W K P W J I H K T D P
S Y B R L N D N Z L O U T T
X M N E G D K M R T I L I N
B Y S J N R Y B Q V Q L A Q

1972

A N T W B M R D G Z M T P W Z Y Y S N N L
C P O N G P G E W Y J N R Z R N N W G K Y
I N L L P T D L H N W T M M M O B J T Q D
T L Z M Z N Y F Y T Q Q T D P J N R P Z N
T X D X T D L Q U Z A D M A X L D P N W Q
A R W R Z Q L R G R E F E L M R V L A J V
F V S G E T Y B G A M W D D R J R T M X G
O W U P X Q M J N K L A M O N Y E G K K D
S V P T Y Q U O B A B N N L G R J L W Q B
E L E B V Q N A C M W T Q V G E G M G Z Q
T L R G L M L I L G B Z L A G L H Y Y J J
A B S P E 7 G L W R Y V T Q R E X T J X R
T P T W M O 1 Z Q N I E N V W Q O N J N G
S V I T L N V O J R T G D L M R N R V R B
D M T O Y V T T L N N N H K G T M Q G L T
E L I L K N P B Q L M R M T X L T Z Z I N
T B O Z M N B J T J O V Z M S P R X R B A
I B N N V L P N R D Z P R Y Q R R Q N B R
N Y M T T W R K N N B Y A R L D M J W B T
U B D Q V D J W X B Z R Z M Q M Y D L D Y

Olympic Summer Sports

```
G N I V I D G N I M M I W S
D R S L M B L G K R S Y Z Q
L Y O V L V G D Y C N Y J G
E T C Q N A G T I N Y R Z J
I E C L L A B T E K S A B Z
F N E G Q C S Y G M B X R L
K N R N R A Y N E O N L W N
C I D D N J I C X L K P B Y
A S Y M N C W I L M L W B M
R R Y K N V N T T I J O Z Q
T G W E M G Z Z D M N D V N
B P F V R Y X R Y K N G L N
```

The Reformation

```
E N I V L A C N H O J R
N F Y T K T X J N N E L
O J F T H P R Y L H Q P
I O H I J E L R T P R B
T H U V L N O U M O Y A
P N S Y L C L L T R N X
U K S R R N Y E O G Y D
R N K K I N S W L G P M
R O J T T T E I N M Y T
O X R D A V C H J H V V
C A N N L A G Y B W O B
M T T P N N N V L M M J
```

Leading Businesses—Property Insurance

```
Y L I M A F N A C I R E M A G P B L
F A L L S T A T E Z R L M Z Z E L D
E I M V J B N D B Y Y W X R R V L Q
V C D Y L K D L R R B B T K L Z Q V
I N Z E B I W J L T Y D S T Q Q N P
S A J B L N B V J T N H M T B Q R B
S N B X D I R E T J I A R Q Z Y K L
E I N T J R T W R R G R C M B T R Q
R F D Q G S R Y E T R K P I Z B K G
G D W B W Y R H N V Y J Q J R L D Z
O R K N T Y A E Q A V M M G Y E B Q
R O W X J T T R L D T Z U M B Z M Y
P F K B H Q P J V E B I W T Q Z N A
M T N A V K Q K B J V J O L U K B A
L R W Z P K R T N T W A L N D A A T
D A B K L Q Y M R N M Y R N A S L T
Y H N Y L M B Z D T Q R T T U L Q L
```

Scientific Revolution

```
N R Y E L L I P T I C A L O R B I T S G
I T B R L X M Y T G D X Y G M P J T O N
C W L L O B S E R V A T I O N A L T G Y
O R E L P E K S E N N A H O J Q T X N T
L Q V Q I J H W B G T V J B B F G T Z K
A R P I D S Y T L J M M J Q R P G D R W
U B R Z E Z A K C Q M G Z I V J N Q Q Y
S K B E T L J A N I Y M E J B Y N Q R R
C Z Y P N V I L C D R D P R Z B D T Y Z
O N T B R E N L R N V T K D T M E R B W
P G Y D T T D M A O E V N L Q M X J B Z
E T J B R V D E N G N W D E O W Y G W G
R W Z D D Y G L S D O L T E C D B D R Q
N R Y P R Z E K P C Y E G O D O M T K Y
I V R R B I P Q L Y A N L N N X I V Q Z
C R V Q B L L N V B J R D I Y B M L P D
U X J N Q Y B P N T Z V T Z L V N B E J
S N I R Q V B L W M T R P E D A G Y L H
N Z V M R X B J Q D Z Y L L S D G V B Y
```

Famous Classical Composers

P T K M Y H A N D E L R
A R D B N S M Q T J A X
C E Y D E R S R K C D Y
H B N R M E T U H T W T
E U I Y N N T M B N M B
L H M D M R A H I E Y R
B C B V L N T P O B D V
E S W X I A O R A V L V
L P K N M H V C A G E M
R Y O Z C N H I J Z L N
J F D D W Y R Z V J O N
F D Y P B N Z T N R K M

Densely Populated Countries

B M A U R I T I U S R
V A T I C A N C I T Y
Z D N T T I M N S M J
M T Q G A A G O A V M
D Y V R L A D L M M T
K Y H T P A D B O K N
K A A O B I D N J T Q
B T R R V L A E B R D
G E A E M C D P S G G
R B S W O B L B V H Z

Leaders on U.S. Currency

W J N W T P Q K G J D Q T
N A J O T L E V E S O O R
S Y S Q T N G F Y N R W R
F A W H N L F R L Z N Y T
R J C E I E I O A O Z M R
A G D A R N C M S N L K G
N Y V S G N G K A P T T D
K M O T I A C T L H K T Y
L N B L N A W Y O P B R Y
I D J Y J N B E Z N D Y P
N J L B Z R Y D A N N J X

Cities With the Tallest Towers

R I A H G N A H S G L
V U B Z T T M W U M Y
B B P J M R T A D Z T
M E L M O T N O R O T
O N I P U G Z I K N L
S N Y J Z L N B I Y W
C Y A H I C A J Y K O
O N O R H N N L B M M
W U G E H A G M A W T
Q Y O M I E M G B U K
Y N R T R M T R Q J K

Sparsely Populated Countries

A E M A N I R U S R G X X
I T N Y A D V W K J N Z L
N B Y Z D I N Q P T A T T
A O Y Q T Q B A A I J P D
T T Q B B R B I L Y K M Z
I S Z W Z G G A M E B R T
R W L J G U R O K A C I R
U A Y M Y T N C T Y N I L
A N D A S G L P A G N K J
M A N U O K Z N T N J Z B
J A A L Y Q P L T Y A W N
N N I G X N G T R V N D X
Z A J R W Q B W M M W W A

Groups of Animals

S E I L F R E T T U B F O R E T T U L F
P A E R I E O F E A G L E S W M M W W Y
R A Z T N N J G Z Y R P N V G J N Y B W
M H R L R T N L G G Z X Q L Z L Y N S M
S B S L S A R B E Z F O L A E Z Y E S N
A E Q I I V Y X G N Q N R M Q D H N W J
N V Q L F A R Z K Q Q V P W V C I X N V
E Y D M K Y M B N N Y T R R N H R R T P
Y O W R B M L E V Y M J L I P O L T T T
H F Y K V D W L N N N J F L M Y Q J Y J
F S Z N D R L W E T R F O P T M M J V L
O W G X N N X X D J O D O D V L N G D D
E A R X R Q N W D M F F R M Y J K Q Y J
L N T D R N Q N R O O O J B W R G L L
K S G V B R R A D T N L K W L J B L W Z
C G W G W L H O T N M T Y C L X M R Q B
A Y B J P C P E D Z G N D M A S M R Y R
C W M N L Y R V T Y D R R X L M M R L P
N Z Y M Z S G T Q W W T K M W Z S Y R M

National Spelling Bee Words

A R U T A I G G O P P A E
P S N E P A T E U G Y C M
E R C E R N U O U S N D Z
N G O D K Y I N R E G J Y
I U W C V O L A I N P X B
F E G N O W I C C T M G Y
E R K L L C I N L O K T R
R D J J N P U L O N R Q X
R O Z W S J T R A N L A L
E N G O M L J I A Q I D M
S V R D R W D P M N Q A N
Q P J W N E T J D R T N T
T Q L N L B T M L D D E Y

Michigan

G M O S S O L B E L P P A
Y N Y L X P T R T N P P R
V L I N D I D N D O D P X
R L G R O R L T N J X X D
Y R J R U T J T L W M Y B
R L T R E T I D H E T J R
P E P M X A C I L Y D X R
D R L T C A T A L Y Q O P
K J N V W E N L F L M P M
W V D A P S I N A U J N K
M Z T I I B B J T K N Y L
Y T N N R X O D J V E A M
O E G T M Y R L V T N S M

1997

D I A N A P R I N C E S S O F W A L E S
T H E F I F T H E L E M E N T R T Y T Y
Z Z J L M W I X L D N Q K T E H R Z R R
W B D N J J T K Y L D Y Y T G J D D D Z
B J V L W X A V L X L X T I T N T D M T
M D H T X K N N R T Q O R W B Y Z M Z L
T R D E N R I T R N P B M L G Z L J V N
A X T G A W C M P Y L D V N G M J J G K
M D D W W V K G R A M N O M Z Z D J Y Y
A E V D P Y E R E R T N K L L T Y X L D
G D N W N K A N M L X H B K L W R L D T
O N X I Y H I K S L J N F Y W Y V L Y P
T D K T N E L N B G V L N I M N T G L M
C R J M L B L G P P A M T Z N J W N V R
H Y J E D R L K B X M T V D V D B R V M
I N D T Q R P A D Y Y B E L Z D E D J R
Z A Y N T T D D C Q J J D N W D Y B B Y
M J Q J J L R V M K Q X B M X W M B B V

Recent Heisman Trophy Winners

D A Z J K D L W N W P Y Y X J L Y
L H T I M S A T N O V E D O J N G
E J V O G L B L G L D D H Y I T J
I N O T I T A W Y B T N Q F G N N
F Y M E V R B M V N N L F L O V K
Y B R N B X A D A Y T I B T M Y Y
A V M N J U L M M R R D S L L J T
M J Y B E T R A S G J N K E L Y R
R R T D X H N R T U I A R Z Y B M
E V G Z T Z K R O W C M C D W D Q
K J X R I P E C S W U R G K L R D
A N D E Y B L I I R R L A G S M K
B G L M O L E M R R Y M B M P O J
P W Q R J M Z A Q Y R D D R M Q N
M G B T A K Y J Q B N E M L R N B
B L B J N D R N K W B N D W L R K

High Renaissance

S E V E L C E D E S S E C N I R P
D E M M R Z M M T D Y Z N J T B M
Y Y U Y R P N D N T B X T D T R K
N V B L J T N X L D Y J M M N P V
A L K X A A D E G T Y I X M P M K
M Q J D R V V X I L C T J V G L R
I D R B R O L S W H E U Q O R A B
C K M D N E O A E G V B B L L Y Y
S E Y Y P U A L C E R N D T D R D
R D M Y T M A L R I W T Y N K T Z
N M L R R N R M I D S B B G T T G
K K I M G N E K Z S D S Y L Y Q R
M V M E J E L Y L D M G A Y K W M
R Y L P R Z R L G B B J V L Z N T
Y O Z P L K M B Z K M L G N C D L

Leading Businesses—Retailers

O R E I L L Y A U T O M O T I V E
A D V A N C E A U T O P A R T S B
D O W B A D L L M X D K D X L D V
O L X T E U Z Q Q N Z Y T Z T N Z
L L R R R D T T T Y P B W W N T Z
L A O Z T A B O Y K J J J Z T K Y
A R R W K Y C A Z B T B Y K W N B
R G R Y E K D T T O T L L T J R T
T E D X N S Q O O H N X D B P R N
R N J M N M P Y R R B E Y J B X Y
E E W J Y E U P M Q S E D T M M Q
E R M D D B N X G L Q U Y T N L B
T A B E T W L D M K Y R P O T Y N
P L M S T V W V Z M L R B P N D W
G O E M P V J V N Q N R L Y L D R
H B B M M B J K P M W V T X Y Y Y

Commercial Revolution

S D L M V P T N Q Q S V V N
R J R G L D Y K J E Y P J B
E K R Q X L V K I X Y B Z D
W D C J T D G R L E D Y P N
O M K O D I T M C Y M M M N
T Y E M T S D N Y O J M Z M
K Z V R U S A E N D Z P N T
C Y R D C R T O R E V L I S
O J N Y U A C N G C M N B L
L I D S T E N O I N R Z L D
C T N M R D L T R O M M L N
M I G Z A D N G I W J V J P
J Y P G D N Y R L L D K K R
Q D N T E T J G D R E Y N Y

Famous Country Music Artists

D O O W R E D N U E I R R A C
R W D W S T Z Y M W N G J K N
T E M O G E T M A L A R C B P
I M B Y L V M R G R Q A M Y L
A H Z A T L G I T T M J E N M
R Z S L M C Y H R O V L T L Z
T P R A M C B P W N S D W L Z
S T Z M C R E N A I N D R V D
E R I B O Y N N A R M A T M V
G T B O D A N P T D T P E Z L
R V K M E D D N B I R O R L V
O S T E P A G V H P R N N T N
E D L D R X J X V O V E Q T D
G M Z B M Q W R Y B J L Z T B

"Hello" in Ten Languages

R S H A L O M G R K
P U W M A L A S O R
R D O M N T O N T D
I X R J N I N A Z D
V V B E N I H G I Y
E L T T C O A A H C
T U M H R D B A O B
G N I Y D R L Q N L
N W N O P L Q L G P
A B G B O Y Y Y P T

Anatomy of a Cell

E V Z C P R O K A R Y O T E
T M A Z H M S A L P O T Y C
O I I N M R K W P N L T J N
Y T B T D L O P B R B W G Q
R O J J O D K M D T D G B R
A S T N K C E P O Y P R D Y
K I D K Q I H N L S Z Y B Q
U S K L O R U O N V O Q M J
E P R S D C Q I N B G M N M
L L I R L L E Y V D V R E G
X S N E K T Z Z W G R P R W
L T U V O B R Y R Q D I X D
Z S D R L N P L K M B J A K
B L P Y R D R P R R K P J J

Top Foreign Development Aid Donors

K M X T W M L P W R L W M
R N S P W B R N G U W O Q
A S M D T B L E X M D T N
M W W B N Q E E C G X O T
N E R I Y A M L N N R Y N
E D Q N T B L I G W A R D
D E L N O Z K R A I B R G
Y N Z U Z D E Y E B U E F
N N R R E M B R N H R M J
X G P T L T D J L M T V W
D R I J T B B Y A A R E J
B N M K B Q T N L B N Q N
U X D T K M Y X Z T Z D G

Baby Animals

G Q N B M A L E R
N S K W B J L D R
I C Q U A O N Y K
L A C U P F D I K
R L P D A C R J D
A F A L O B O W Y
E T B L M E N W W
Y W T T Y D W X D

Busiest Passenger Airlines

S T N A I G E L L A Z
N O F R O N T I E R L
J A U U Y D E L T A X
E T C T N A K S A L A
T I D I H I E Y Y J L
B R Y M R W T X N M Z
L I X B Y E E E D J M
U P L K R M M S D J J
E S S M D Q D A T R W

Louisiana

R S N O I T A T N A L P M
E C A J U N M J Q T T A Z
T B Z M B N Z Y X X R X Y
R Y N L M A D R J S E G S
A Y S E G Z I N H G L N N
U B A Z W L Q L U N A Y R
Q J R Y T O A O O C W T N
H T G Y M N R E I N M Q X
C N I M D N N L L T G T D
N Z D S O B E R E O D A M
E Y R T M P N X K A E V M
R V A L L P Z Q M V N R Q
F B M J Y T T R R M R S C

Longest-Running Broadway Shows

T A L O G A C I H C W I C K E D V L
S M R E J X Z W Y B Y R W M J M Y X
A B T E S L L M D M L Z L Z N M L Q
E R L P P M Y D J D B Q G N K G P N
B G D N M O I A C H O R U S L I N E
E N O J D K E S R N J J N R B N M Y
H P H D B T A H E V N N G R Y R W D
T D C Q L P X I T R V D M L D V Y W
D T A J L M K W M F A T N P V X X D
N N L X M J T Z G A O B B R R Z L T
A N C Q Z J N N X J M M L T L D D T
Y D U T C R I D Q Q N M O E L R B Q
T B T A G K Y Y Y M D K A T S N Q M
U K T B N P R J Q R R J G M N Y T K
A S A O R L T G N T N B L J Y A R L
E J I L R K T D R V V N L D Z Y H D
B L B L T N G Z Q Z R T M V N D R P

Recent Super Bowl MVPs

K N J B J Q N M Z Y K T Z N D
S E M O H A M K C I R T A P L
D Z A M A L C O L M S M I T H
R R D A W Y V L S N L J Z B Y
E L E D R R D E N E R J G G T
W M Y L J O L A D D O L N N Z
B R D G L O N E R E Y I J T M
R Q V Q F I N R F B N D L P J
E P N K R A M L O N M N V N R
E R C B I Z A N A D J O N G B
S I P L T C Y M O K G B T B W
N J U N C Q I P Q V G E L B Q
Y J L O Y L T Y T N T N R Z D
N K J M E J W R Y M D B M S L

Enlightenment

I T O R E D I D P B L T G L T Z Y
N D M Q J Y D L N M Y Q L X L B E
H N S Y Y Z Z X Z D N Z R M R R T
E N J O Q B J M D J Q G R N I M U
R T E N C Y C L O P E D I A Q E K
E M H M R I D V P T M W T K I W K
N U S I W P A D L B Z L B U T Q Y
T A D I C J T L T W O M Q J J N T
G E N M V S D P C V M S T M W W W
O S M O N I B R J O E K T T G J V
O S L M S X T L R T N M N T M P R
D U T J T A T A N Y Y T R M N V Y
N O B D X Z E O L N L W R D B W R
E R P W K D M R M E K M R A M Z M
S T G Q T L D D B R R Q J T C M M
S X R N L L G X L M K Z N Y G T M

Leading Businesses—Gas & Electric

C L D O M I N I O N E N E R G Y N L N R
I W A Y G R E N E E K U D B W E K O B N
R J Q N T N X V N D V M Z T X T S N N Y
T W V W O R M Z D L W B Z T M I X R D L
C Y L B V I M L Y Q R W E L D D E J L L
E B X P J Y T M N Q Y R L E T H P L D M
L R B N T Y L A Z R A M D E T N P N X W
E M B Z R T Q Z N E Y E E U M N K L T B
N Y W V P T D K N R T N O T J M R G Z J
A Y D B L Y B E W A E S R V J G D W Z G
C W Y L N T R L D R Y T T V M Y B L B R
I M G T N G L I G L P J N L K Y L Y Q K
R T M K Y G L Y E T K Y T I L N M D Q Z
E G J R T O B B N X Y L R B N Q W P X N
M Z D K S M V K X K E Y L T T O M J T J
A R Q N P G E G N Q L L Y Y J J S G Z J
K J O X Z M M W T M W R O L K R P I Y Y
R C D Z Y Q Z Y N G T R Y N D Q B B D K
V X M Y W T Y G Q P L J D L Y J M N D E

French Revolution

N L B A S T I L L E Z Z R T M M Y
B A C O N V E N T I O N B T A W J
Q R P P R R D Q L J V P W R M T L
R E V O N S J I Q A G K I R E V D
D N V Z L W T D R L V E D N Q B T
J E M X J E D A M E A E N Y T G K
R G L Y D M O B R N C I N P N Y V
Y S T L N Q J N T C S T V D Z Y Q
N E Y Q T Y K O B C O Y O L E Y T
L T R X Y W I T O O Z T O R M E G
Z A J Y T N N U G L N U S V Y B W
T T Z D E V R P T T I A B I Y T M
Y S M T T T X J M S Y X P M R Y G
M E T T O V D L Y D M P Z A W A L
Q E Z A G R Y B D W R Q K P R P D
P X T B N Y L R N L T Q R Y Z T Y
W H Z Y N T D D T B T Y L K Z Z E

Early Christian Art and Design

E L Z Q L D N D X N B Q D R R
S R E G N I S E N N I M O Q G
P V U G R X G Q Y R K U G N L
S O T T T O Y O B P N Z I D Q
S L I L P V M J T D Y T T S G
A N L N Q L B A E H L L R N R
L J R Q T B U D N U I U R S L
G N M P R E A C A E O C A M P
D P M P V R D V S D S C B N X
E L N Z C M B A A F I Q Q G B
N R M H L I B B R L E B U D R
I G E R R L U X I C D I N E N
A S W M L O T S Y X H B L Y D
T J X P R B A R T Z G E G E B
S N N T D B B Q W P N D S X R

Nations Beginning With C

C Y P R U S W L R B J
C O T E D I V O I R E
E D L Y Y C Y C V C R
C D D C U W A Y O B Y
A W R B A M J S J C G
N V A E B M T B H Y A
A J D O V A E I Y N J
D D D L R O L R I N J
A I X I L E B H O V L
A X C T W R C A R O M
W A L Z L D G V C Q N

Laws of Physics

P R S W J Q N P M W R P T N W R
A S P P T Y V M A M P Y B Z L M
U L C N E Q T R C X J N L N W D
L T L I D E J I H X R Z O N N Z
I K L N M B D P V D D I L R P N
S L G I M A N O V A T Q J T A L
E W D Y N Z N B F A R F B I Y M
X B B Q L T Z Y V S R G T J L M
C Y T J B V E R D E O R R W N W
L Q Y T L Y E N Q O E U T G A L
U D Y B Z S B U S N M J N L G R
S N B B N L E T I I D R S D N M
I Z V O R N Y V R L T M E R Q K
O M C V C L V D R Z H Y Q H B J
N Q L Y L D M X T O R J T D T B

Nations Beginning With M

O S B Q M D Y L D G P L M T D N
R Q D A A B K T M R D Y Q R G N
G L L N L T Q A A J R R B X M J
E I M W A N E C I Q P P D Z W Y
N N K Z W L S U D L T R N K V N
E M N R I A S D Q D O M B O B G
T P Z R G D P I G I K G C Y Z N
N Y O A M M Y Y L R B A N M J G
O G D C G A P Y M L N M N O Z B
M A D L I M L G K O A J A G M B
M Q X J V X G D M N R H T Z B M
W R V B M W E T I M X W S Z O B
Y N M D R P T M L V W T N R Q M
Y X D G M D Z J Z T E D M P A D
R P L L X Y P N Z T D S L K N M

Long Lifespans

S O R E C O N I H R E T I H W
S T E J G N X O L E N T Z Y K
T U T L D M R P Z J X R N J Q
D T M M E S R N R Y Z O M B L
A I X A E P A T M G O Z Y V T
L G Z T T P H D Z B V K T M T
L E Q D M O D A A N J B X Z T
I R W I L X P B N R R R M R L
R B H L Z J D O Y T B R L N T
O C Z T W Y D D P T Q E L X Q
G Z M D W N V Y R P Y B Z X R
D W X K P N Q L Q A I P G M J
M P K L T J M D Y Q E H N V K
M W J D L T P T P D Z B D W G

U.S. Representatives to the U.N.

D L E I F N E E R G S A M O H T
N C O H E N H B V M J Z D W Z N
O W D V N P Z A D L Y R T X K Q
T O Q J Y X R A L L Y J J V Q T
L L W T C Q Z X J E V Y R M M L
O F R R L L N X K T Y P B Y D T
B F A E I N O S R E T T A P J J
Y F R L W W Q J P R D J R L L D
T R A Y J O L J N Q L X Y G Y V
G H R B D J P V Y D N J Q G R T
K K M I D B V Q J Y X N W Q R R
N X R M C G R Y N B L L R T Y R
L R Y Z P E P P P M X L L R B Y

NYC Landmarks

L A N I M R E T L A R T N E C D N A R G
E M P I R E S T A T E B U I L D I N G J
G M W X D R R Q W K M J Y R D D T D G W
Y N E K R A P L A R T N E C D R X V L Y
B T W T D V M M P W B L C T A G D J Z M
R K R K R R T Q W D Y O Y N T D P Q R Q
O N Y E L O Z T B M N Q R T T V B W E Y
O K G P B N P W L E Y E X E D N B N L T
K N R Y T I Y O Y L D B R J N J I N P J
L Q T Y D G L I L O Q A Q Z N L X R Q M
Y Y L J J D S F M I U J L Q H R W Z N J
N N Y T P L J F O Q T Y L G B X R Y P Y
B D N Z A Z O J S E R A I L R Q D Y P L
R B Y N P M Z S T G U H N N V R M Y J L
I K O B U L E Z K J E T G K M Z X N L R
D P W E D M W Z D H L T A D R J Y J X T
G M S D I D X R T L N Z M T M T M R L Y
E U D T T Q N P Q L T Q Q M S B R D Y M
M Z B R Y Y V G T J P V T T P Y M G G L

The Bill of Rights

V S J Z R Z R Q B D Q Q J J D T R L N
S X T K Q N L N T T D J R M G J X X P
E Q T H B X Y L K Z J B T W S L Z N L
A M U V G R R R M X D N G T M W D S M
R T L A R I G H T S O F A C C U S E D
C H N D R P R K Y T W T Z T S E J B J
H C L E R T N D T M E M R M C R J N D
A E D N M M E L E S Q I R O B J T N M
N E Y L G H Y R R T A A R D B R Y B Y
D P D P G Z S I I L A P K D P V N M Y
S S X J N N G I B N E R V N X R J B T
E Z L D Z H W Y N U G G E Z T Y J K M
I Q D T T L J D D U X M Q M N B V B J
Z L J S P U N T Q K P Q M T U Y N K L
E D P L R Q M K K M X R R Q R N J Z W
Y L N Y D J R J M D J Y I Y V D E Y K
Q Q G D B M B W X J J J K A M Z Z N T
Q G L N T G T T Y L R T R Y F V T J U

PGA Prize Winners

J O R D A N S P I E T H D D
T R S A M O H T N I T S U J
Z I A R R Y R M N X L S D L
R Y G K T A H R W B T Q Q T
H D O E P A H L T I Q D K N
L G X R R E J C N D L B G Q
T V N N L W O J U A D Y Z K
J Y O I K I O K N K Q R M G
L J N R S H C O S P T D Q R
R L D N N Y D M D K P T M P
M T D S M E A R Y S O L A M
P V O L K J N J N R Z O W M
X N N U D D W Y I N O M R M
Y Y L T N K D B T V N R Y B

Romanticism

W I L L I A M W O R D S W O R T H
L Y T M E O G U H R O T C I V V P
U M L V T K M Q N T Y L J Y R N D
D S T U R M A N D D R A N G T E W
W N C R T Y J L G B G D V J O X R
I Y A I T B P Z B M Q G J P K Z Z
G X L T H Z V M Q M L K N X K N V
B T M R U T M N Y Q A E X T L B Y
E K K T X R O J B P L I D Q E K D
E M R Q L T A G D L N G L L W Y W
T Q T P N Z K L A R O T I L D Y L
H D X W J Y R R I E N M K T I Y Y
O Q K J Q Q A Y T S E M N Q L W K
V Z J Y T G L H X B M W L Y V R Y
E J B B D V E T B G M T W G N G W
N M Y E G B D Y D R V L N B D N P

Top U.S. Franchises

S B U S S E K I M Y E S R E J
E S D D B U Y R K T P M W Y T
Y S P N P N K L B I C P N Y M
E E M S Q K D N L D V W V Q T
P N B V D W P C O W G Q T B Y
O T S K T L T N D D M Q G J D
P I T R Y A A Z Y U N G D D L
Q F J T E L C M D K N K K B L
M T Q R D V N O W Z M K R J T
J E G S W O L M B B L T I N M
J N J R M M L U B E R M N N T
Y A V U R N T P C M L K Z Y D
N L K R T M V B J J L L M X G
B P B G Y R R L G L B Q G T K

Fin-de-siècle

E N A T U R A L I S M D P N K M M T T
C H X T L J Z Y Q B M D S M J X Z K T
I T C G D J W L W L X I Q Z Y Y M S Y
F T X S Z G G G Y J G Y O D V S I D T
I M Q T Z D T D K M R S Q E I N G W N
T H Z X L T R V U R C Q N T O D T W L
N J E V B T E N Y A D N I I T P V W Y
E Q Z N L K D I R P A L S K G L L D Y
I D T G R F V W N Z E S M S I L A E R
C D N Y R I I T E H E P R R T R G T R
S X X E N L K C P R C P R V Z D N J T
I M U D D Y N I P J M I M Y M N J B Q
S D M E L K J M B B X B R R N W Y Y L
A T D Y M J I B Q S Q W K D L J M J P
U Y B D M T K G L L E Z Y N E Y Y M M
Q V M N S L L K V D N N Z T B I T N Q
J J W O N M J M R Z G B J Y L R R D V
L J P Y R Z W K J J D R P M K W J F L

New English Words

T E L E H E A L T H D Z
O T H P G J Y Z L T G V
O O A A V D E Z E E T D
B T T M C R Y T O Q T L
L A D W O K I T M L D N
E K Y D S R A E G G Y H
C U A E I G P T D M N L
K Y U M Y T N M H J Z Y
Z L A Y B D B V O O K L
B Y P X Q W Q J B K N D

Nations Beginning With T

O G A B O T D N A D A D I N I R T
A N L R M O P T G Y N X J Z Z N J
I R A R Y N W U J Z W R T M N J R
N G D T V G X R R M T U N I S I A
A D T P S A Z K Q B D A P M P G D
Z P L H R I Z E Y L T Q T M X D V
N Q M B A T N Y L S T U T R K B T
A G L X O I R E I T V L D B Q M G
T L T G Y R L K M A K M Q P J G D
L M O R G W I A L K N Q X D Z B Q
W N Q T D J M U N G R K G G B Y V
Y J L T A N Y W L D Y U Y R P Q R
R T M T D Q J V Y N J X T N G Y D

Geologic Eras

S U O R E F I N O B R A C
C L P Z N B B N D S T M Q
I P D A P A A Y U R A L T
O D A K L I I O K R L C W
Z C Y L R E E N C T I Y K
O W I B E C O H O O Y T J
N K M S A O E Z Z V G G R
E A N T S A G O O T E R P
C G E T N A S E J I W D Y
Y R Q E P E R L N K C M Q
C M O T M M R U W E M Y Y
L N M D V T M L J Q M D D

Country Capitals

A S N E H T A D L N
B D Z N Y A D G E Z
R A D J P Y I G H B
U N H I T D A A E Z
S N A N S H V I R T
S E K R N A J N U P
E I A E N I B R K L
L V P A N M I A R Q
S O Q G D E J D B T
C L Y Z B J M N Z A

Popular Travel Destinations for Americans

C I L B U P E R N A C I N I M O D
U Y M E X I C O D T S Y J J M G M
N N N Y L Q N A Y P T G Z L Q Y L
I A Z E M M N N A Z W W Q Q R J B
T M Y M T A N I J N N X V G R D P
E R G R C H N D G M J R R B N Y P
D E G Y T J E N V Z W D N V B M D
K G K V V R D R R Y Y G Q B J B W
I L T Z V O N A L E R I M M Y L K
N F R A N C E X T A D Z I V M G J
G B B M Y B T T R W N T J X G M T
D D J T Z Y D Y V N A D Z Y L D T
O V N D Q D L J D L Y D S N X L V
M L X Q L V M X Y T T M K Y M P T

Kentucky Derby-Winning Horses

E A C I T N E H T U A Q M D W N
G M I L L H A V E A N O T H E R
N E O Y Q G G G M B J P L L T N
I R A R C P M N R B D J K S J N
M I T N H O J Y T B U R I N B T
A C P J I C U V Q S G U T J K G
E A T Z R M A N T N Q B B T R T
R N J N M L A I T Y Q B T X B B
D P Y Y D D F L N R J M R G M T
S H L D L Y D Z K R Y Z W Q Q K
Y A M G M N B K J I O H L K J J
A R N Q B L B K M N N F O K Y V
W O X R D L T K D Y B G I U N Y
L A O D W G J R L T B N D L S T
A H N K D B P T M N D B P O A E
R G P T L Z R J V Z Q G Y L M C

Mid-19th Century Humanities

P I E R R E A U G U S T E R E N O I R
O S I N T R M T V T Z P Z L D N J D L
R N J M R O Z M N Y R L Q D D Z Y B T
R E N C P R I A N I E L P N E X M L W
A K P D L R J L J R N P V Y T M B T J
S C A Q L A E T E M S I L A E R M Q K
S I R Z T Y U S M S N V N B J J Q Q T
I D I D B P Y D S T T V N R W B R P Z
P S S N D K K O E I B L L Q Z T T M L
E E O B M M L B T M O V B D Y L Y R N
L L P P B R N K B S O N Z N D D L G T
L R E X T L B L T V L N I X Q T J L Z
I A R Q R L G N T Y L O E S M G Y Z K
M H A Y Z J B D K M G D T T M L K T N
A C R M Z T R B M N W R T O J N B K M
C Z L D Q P R B X L L X Y L E J R X X
T L Y D Z D Q Y R R L N T Y R L V L D

Wyoming

R Q Z B V Z B Z J N P S R N
J O P N V R M D D Q N J P W
A P C G R E A T D I V I D E
C B X K G O B W A L Y W O T
K L U R Y T H L P E J R Y N
S X J F P M P G L Q E W O L
O L P Y F T O L I G R T X E
N K Z M A A O U O B E G N Q
H J M E T W L N N T R N K G
O P R L S R T O D T E G L N
L G P T M R G N B Y A R X V
E L O W A B A R E I L I V N
N N D I J R N H Y G L Z N T
E Z L M G Z C R X T W L K S

World's Largest Vehicle Companies

N D O N G F E N G M O T O R
S R O T O M L A R E N E G D
T D Y V Z R N D Y J B V A J
O D W W O M K D L Y D I K D
Y P I J Y L B N V J M Y T L
O G B H Q G K K A L M I R W
T Z W L S Z K S E D A R M J
A P M G M I B R W D N B Q M
T R Z V B M B R N A R O T R
G J B B G Z P U G L G L H P
D J V B Y P Y L S N D E G B
R D B L X H R Y Z T J Z N K
O N T N Y G R R R Z I M D J
F P G B G N L J T M R M V R

1900–1910

T R A N S A T L A N T I C R A D I O
S U A E V U O N T R A B P Q R J L Y
M R Y M N W N B M U R H P J V D D Y
M O E Q M L R Z T R O D Z R M V N D
Z J T H M M M O L N Z Q I Q Q N B L
L N D I T Z M K O Y N A Q K M J P N
D N B J O O M G K Z L P I C A S S O
Z R G W B N R G W C L J R A R P Q B
J G M I T A P B N Y D L I G J Y J Y
M V L B P X B I T L N N T Y L L B Q
M E X H T D S Q C H A W R W Y K Q W
S V S Y D S V Z J T G D T G D G M Q
I Z W N I R M L I K U I T D J N Z B
B M P U Z R R S G R X R R D X B G K
U R O T T X U Q W M J Z E W Y B D M
C L B L N L T L Z J N L Y N J B T T

1920s Literature

Y S I W E L R I A L C N I S Z D Z X
D R T H E S U N A L S O R I S E S M
L W U E J Y T B J M K P M P T Q X Q
A T T F R V D Z N V M T Y D W R M G
R H E D E N M D P J Q R L R E T Z T
E E E B Q H E X R J P Q B N H K X B
G W R Y Y X T S N N T K K E J P V N
Z A T D G D V D T M W L G W N Y N M
T S S R Y B J B N H U R J N B B Q L
I T N J M X T Z L A E B L B R T X B
F E I T M P T T F A D M L Y D P D M
T L A M P N S M T W L N I L T M D M
T A M T Y E A G N Z T T U N T R T Y
O N R W L I A M N P Z T Y O G R Z N
C D X I L T M G K T N L D W S W T L
S L O L S Z G L T M T T N W M E A X
F T I B N R X G B M N D G V N N H Y
L W Y M R T M Y M T Y Q V M Y X J T

Nuclear Powers

N I N D I A I F T S
Y O J A V M R V U G
Q L R W T A A X Z N
L R W T N S N B U W
L B U C H N I K B Q
A E E S T K N K Q M
N P A B S P O N A Z
I R D R N I N R P P
H D T D S J A R E D
C K G Q J I R J J A

A-List Historical Greeks

S V R A P Y Q X N B S Z
E Y A B R Y D O P A X N
N S V P Z I E N R W S G
A G E L O R S O Q U M A
H N K D C L G T L V T J
P X O A E A L Y O H B P
O M N H X M H O E T O B
T A L A P C I N N S L L
S G N K S I A H E I D E
I A Z E K E T A C Z U N
R T A M U J N N Y R P S
A V W S R Y T L A M A T

Busiest Airports Outside North America

T U X I A N X I A N Y A N G R R C
S L I Z T J R D R Y Q W N M J H Z
K H B L Z O P G K T Q Y R V O K G
L N A N G R K Z Y R R X Z N Z U N
L A R N B N P Y R Y R N G J A W N
Z B T W G M A R O T L Q Z N B A B
M R P I T H Y U Z H I M G N O G N
K V Z T P P A N H N A Z P A Y J P
B N X B J A D I G S H N B L D L D
M V G T M M C J H O U N E M D T L
P Y D N Q N I G U O E D T D D M B
Q R M N I A Y B N H N T G T A V L
W B L Y N M A Y Z I L G R N M Z X
L J V G R I N N B N J J Q W E M D
N T B R Y B E U M V P I Y I T H Y
D E N U Q H Q B K X V K E N A G C
I D N Y S J N N Y K M X Z B W O Q

Most Populated U.S. Cities

S E L E G N A S O L Y P
O I N O T N A N A S H J
N Y X Q G L O K Z I R Y
T C G I B E R T L T L Z
E Z H V N O I A S B P T
V S T I Y E D D S U M M
D L O W C E O A N D O Q
P N E J L A L H J A Z H
M N T P N L G X P D S G
W W H Y A A Y O L B Y Y
D I Y D N L S P N B J B
A V M G T D V N R W T J

Historical Greeks and Romans—P

S H C R A T U L P Y M
P E O T A L P D P T S
R W D V P G Y O P A K
A P W I L H L N R T P
X M E T N Y I O I E T
I Y D R B E G D R L V
T J L I S A M I I P P
E L U L H I C R M A G
L S Q T X L U K A J S
E K Y B E L K S Z P G
S P Y S Q Q R M T K X

Busiest North American Airports

D A L L A S F T W O R T H B Z S N
L L A T N A L T A R Q P T Y A B R
O R A Y Y Y M N L E X J D L M O Z
S R J S K Y M L W V T V G G B L X
A R E M V M M R M N P U Z R Z J Y
N G T R T E D E O E O T A R M Z Z
G K L M A J G R X D R H N P M J Q
E T X M N H L A E I Y G G R L P N
L D Y J D A O T S K C B J M N N V
E Z W J N M T O S M R O T N Y G T
S T D D M O D X G L C M C M W K D
D K O R L J I L Z A D C T I J Q J
M T D R M N D B M D C V A Z T P Y
K K A V E N W T L N Q I W R T Y P
B H V O T D Y N P K D M H Y R J Y
C K H Y R Q B R Q L M Q X C M A N
V P P X Z M Z L K J X L P V M N N

Chemistry

C R M Y M E J G P T L T D Y T M K G
L H E Q D Z L N N B V R V S R N R Y
L M L B M J G E G P V Z E T Y D S B
Y Z N O I G K G M J L S R Y R I J Y
J D Q B R F N V X E A W D D S N T D
P Y M Q X O N L G G N D X O M P K T
N Y L D N R F O E J R T M W G P Y J
W J B X K P P L B P J S V M B Z L J
R K V Y Y O B M U R O J G D D B Y X
W R G Z L O E D O O A R J V T M B Q
P N T Y N Y Z P L L R C L L G A K D
Y Y M A N V M V O P E O T T S D T T
Z E D M C J T W V T T C C E L N V G
R J G R M I P B Z J O J U A B L T L
Z Y N Q T W D J V Y L S R L R G R L
R T Y J J W Q G D Y W M I N E B K L
N X N N Y L W R G Q R T Q B N J O P
R M L J T B Z D R L Y B J N R B V N

Notable Roman Emperors

S U I L E R U A S U C R A M
D E N A J A R T J V Q T J J
W A N M U M S V K U J S J T
N U C I Y R K U I V U M N V
N G L V T Y E N T I N E R O
W U A D D N T L R I M P M R
Y S U T M I A E I R T L X Q
D T D T L L B T P A D M R L
M U I L B I G N S R N D W R
V S U M T T Q J X N T J R B
K S S M R R D B N Z O T V N
D L W M Z N D Q B Y N C G Y

Hinduism

A V E D A S J I Z
R H I L O H L T Q
A P T M I A U A M
K U D R W N M N B
S R R I I R D H W
N A D T A B A I L
A N Y H V K E V A
S A D Q T R N R M
R S L I D J P Y Y

World's Largest Tech Companies

M Y T Y B L Y N Z S
I N Y S R O O R A D
C O I N A Z S M J Y
R S Y H I C S C D J
O K A R C U M Z H N
S L E P N A A O X Z
O V L G P N T D C V
F Q D E J L T I V K
T Z Y D D M E M H B

Royal Family Lines

W I N D S O R N B V D Y B
R Y D Q L D M L Y Y R Y Y
O P B A P L M R D X D R Q
D R L M N T B W J N L J Q
U L P A R E T S A C N A L
T R B D N J S M T H M S Y
B R M M Z T R B A R N O M
P Z A K J O A N Y O R M D
B M J U N N O G X K Q R M
V D K Y T V N A E T T D X
N R G L E S S T T N Y P N
T T T R R R Y P T K E Y T
T M Q D L R R T Z Z W T K

Judaism

C M A H A R B A T N Z R
H I P A S S O V E R O Y
I T T T W L M R Y S Y Y
E O K S Y N M T H R O V
F R D L I Q Y H Q M D P
R A Q D L E A T K Y S N
A H W M M S H I G H L S
B X Q E H P P T A T C L
B Q P A R P N V O I J G
I D N R U B U T H N M G
S A V R R O E T M L O T
H T Y Z T V E H L M J M

U.S. Military Awards

D I S T I N G U I S H E D S E R V I C E C R O S S
I R X R R Y S P P M W G J Y B V P G Q L Y T P B M
S D D B K M X O B U R V T L G J N Y R B P X W J T
T J R Y L G Z Y L L R I D T Z R P A R Y T T P R L
I Y X J P N B G L D R P M G O V T L G N T G G L N
N N D L X L Y Z V E I R L N L S T M N L D X J Y D
G M P L R T T T M W Z E O E R G B R N T Q R T P J
U Z D V K J B F J T R H R E H P N B G L V N J P L
I L N T L Y O J Z P F T V S N E L Y L V J N D B T
S T L V B N Y Q K O J L Z Y M Z A J R D O J L W Y
H P J Q O V J B L L I B X P L E Y R P I W N W L J
E R M I Y J B A L S Y T X N L P D N T Y P K D G T
D P G Q Y G D W T W V D B M N P N A M J M A M L Z
F E N N Y E T Y N L R D V R Z T D K D R D T T R R
L P L R M L T G Z N Q T B M O N R Q M E R R K B P
Y T J P M T K D Q Y W B Q N E N W W M Z M B P Z D
I J Y Y D D D M D Q K R T M M X Z R J V T N L D J
N J K V Y P J P Q Q X J M R V P J E M B Z V V Q R
G Y N X N J M T M W J O Z R J A Q D S Z G V W R M
C T N G X M Z R Y G C J N G Y Y Y T N T R M R G V
R L L M M G Y D T Y N M B L N J D Z J M A L Y Y L
O X K M M Z Y T M Z L Y Y Q T K V V Y J X B L R N
S R T T B R M R R Q D D Q D Q Z N J T J W D D D B
S Z M D Y D A J Y L P P J V T P T Y L B G L M J Y

Royal English Names

H V B Z V B L J M L G G
T Z X B T R D S P M E Z
E M A I L L I W E O Q C
B D X A W N K C R M H T
A R H E N R Y G H A A R
Z A M R Y N E Q R A T J
I W A B J W E L J Y R L
L D R B R N E G G K L D
E E Y X G S Y N L N K Z

Most-Spoken Languages

P J R U S S I A N G
C O A C M Q J B S D
H E R P I D P P I Z
I N G T A B A L J N
N G A H U N A D Q Q
E L Y D I G E R V X
S I R S N N U S A K
E S H E J H D E E J
V H B Q R Y A I S N
J B N L Z T P L Z E

Best-In-Show Dog Breeds

O N U O H R E E D H S I T T O C S
X F P E K I N G E S E Z E M S Q J
D P O M L P Z L R T J S L C D L D
A R N X W D L B R L I V O M T N X
F E E X T G O W M R K T T V M K N
F T L H K E R O F B T Y P R L Y Z
E N J Z P B R N P I K Z P L N R D
N I R M R E O R S E L G A E B T G
P O N M Y H H H I X G L L K T L T
I P K X C M T S M E G T Q L L Q T
N K Y I R E P M N B B M N W J D T
S R B J R B T Y B A N P Y B X R R
C N X R J J J B V D M K N N G T Q
H B I K T J B R R R P R Y R N M W
E E N V J D J Y K L N Y E M D Q P
R N Q X D T W M K N J D B G T R X

Best-In-Show Dog Breeds

Royal Scottish Names

```
T E R A G R A M L Z L N
T H M Y J D B N W L X V
K L T R Q W A Y R D T M
R O B E R T M V L D A N
J Y B D N L N A I L P J
A X Q N P N N A C D J M
M D B A R O E O C N K K
E R J X D J L K M N P X
S X R E R M Q T V A U G
B T R L M R Z L J V R D
T D T A B T K N G B Z Y
```

World Landmarks

```
D U R H A M C A T H E D R A L
O T Y E Y P R B D N L G Y Y B
M P D J W W A B Q P L T J T R
E T V I T O Q R Y L I B E M Y
O R A Y M M T M T C W M Q G L
F T T W J A T G N H P J R D P
T L A T R J R E N L E E G P P
H Z M J P O D Y E I A N Q K M
E M D Q M D K O P T N M O X J
R J J Z I A F G W T N A L N N
O N M B Q Z H A N X A N E Y J
C Y R W E X L A Y A K E P L Q
K O X U J L M B L J K Q R T T
F B S Y G R D R K V R Y N G V
```

Beijing

```
H A L L O F S U P R E M E H A R M O N Y
E N E V A E H F O E L P M E T R Y J L J
T R T F T B D G D L J R Y V J T D Z D Z
E K A B O X E M B B L V D D G Y J Z Q G
M R J U P R M I W Z D M Y K U V X K W M
P A K Y Q X B W J P N T T A R T Q B J J
L P R U Y S T I J I M K N B T L T K Z Q
E C W V N M N V D M N M N M D D J D K X
O I J L T M Y E J D I G T Y R D V R J R
F P Z K A G I V M N E D Z Y Y B Q G G M
T M B L Y M Z N G N M N R O M P B R N T
H Y D N R R A Y G W A J C G O R R N N G
E L Q L L X U T T L T N T I G Y B D Y W
S O Y T K A T R E P A P A D T J N Z T D
U P N L N W Y Y J M X K T I L Y Y T K Z
N D L P V X X N Z N P X E R T T G B N N
M L A Z L Y V Q J Y M L Y M G Z Z K V W
J R X V L L Q N M T X N E L W M L Y R M
K B R D V R B B D R N B Y M Z T Z K L M
```

Royal French Names

```
C F H U G H T Z N R G Q
H X R N G Z T K D B J R
A Y R A B W P X S L S V
R L G R N M D I O E L J
L N Z D R C O U G P S P
E J O J M Ç I R T A H P
S N M E N S O S L I N B
Y B R A L E B O L H T Q
Z K R P G O C I O V R X
R F T B J I P J B V B G
M D B D N T X A D M V N
R K L Z K T T J N Q V J
```

Largest U.S. Companies

Y A W A H T A H E R I H S K R E B
C M D L R B V N M N Z D V M X W X
H V J L I K B M Q K M V T M K N N
R T S G K B M C K E S S O N R B Y
J J L H Z R O G T L D T T X G A D
Y B Z A E N T M M R Q W D Y L N K
C J L L E A J P N X N A P P L E D
O D D Q N H L Y J O G D H R L N V
S V V R J A D T Z N X A Z X Y Y K
T D P J M M N E H R B X T L V R W
C B W A L G L N T E B R E B N L N
O N Z T Y J K N T I A K R X T B Y
G O M D B B D K M M N L R V R T W
N W L D L D X V L L J U D Q Z L M
D W Y X D W L A D B R N N R B L T
M Y R T R L W T T Q Y B L D T X L

Chinese Dynasties

Y G R J D M P J R N
D B N D Y H R D R N
J N L I A T R J Q Q
V L B N M R Q B N P
S Z H O U A I X G N
D H L R T A N G A Y
N P A X D I G U Q B
I N G N X M Y X P B
Q D T B G W L M P Z

Grocery List

S E O T A M O T D E N N A C
S B V P V J M D G L D X R B
S E N R K V T W V B Y L Q X
A A O D K B N T L G K Z P W
P G N T O M A T O E S W N J
P S T A A Y R E P G D Z E L
L U T X N T Z D E Q N C V P
E G Y D Y A O T Y F U W G K
S A X Y J N B P M T F P R P
N R D L I B V M T G Z O R D
B R V O E R N E K G M L C N
V T N E R D L T P M G L D X
Q S R D G Q R R P G Y Q Z P

Countries With More Paid Vacation Days

J N N B D N A L N I F M K
J Q B G K Q B N Y L A U J
T T R K W K Q Q D L Y L M
G J R N I A V J T Y K Y K
T R V L Z C I A B J G K J
J V U D A E E R L L Z R N
M D B O C G T L T T B V T
N W E N B N U L A S J N Q
R L A N E M R T Y N U W X
B R Y D M D E R R D D A R
F M E W W A J X Y O N J R
R W J D D J R L U M P P T
S J B J Z J K K T L R Y T

Periods of Japanese History

U K O G N E S T R T B J
N A M B O K U A A R T J
F O G X N N G R S B V W
U T T M J T U D D U L V
J A L B O K N J N V K M
I M L L A M B B Y N J A
W A I M J R O M R T R M
A Y A J E V T Y R V N D
R K W I I J B K A A K L
A R W N V E N N R M G R
L A J V P Y M A D J A T

National Monuments

G I L A C L I F F D W E L L I N G S
E G D I R B W O B N I A R D L C N X
D M K F Y J P A D Y S L E R R Y T Q
B N E Y O G D T C N T V Z A N G R R
J P D V Q R M T I O I O T Z M Z D N
T R B Y A R T U T L M E N B L M J J
X N X R W C R U S R R A V T Y Q Y T
L T N P J C S T N S Y W M K O J K T
T L L L E J O O O I R R G M L B D B
Z M A T W W Z F G K O Q T K O Z P M
L J Z W E W T Q Q O N N Q J W T X Y
R A N R E H G Z Y J N L Z N Y X H J
Q J X R E N Y R Q N Y A T T J T L D
Y D W M D J O X D Y B L P B D J N T
T M O K T L P T D R N L Q M W Z B B
R O L Z W P W B S J T J Q W I R N P
N D M L J J R Z Z M P X T Y Z T M W

Also Available!

From the editors of the *New York Times* bestselling *World Almanac and Book of Facts* comes an all-new collection of large-print trivia challenges to delight and engage every trivia enthusiast. Build your own memory or challenge a friend to solve hundreds of head-scratching trivia queries.

The World Almanac Brain-Boosting Trivia Challenges

150 Large-Print Games!

8½" × 11"

ISBN: 978-1-5107-7431-5

Available from your favorite bookseller.